Florian Heyer

„Mr.Rhetorik"

SCHLAGFERTIG!

Mit den richtigen Worten erfolgreich kontern!

W0047297

HEYER
VERLAGSGRUPPE

Originalausgabe Juni 2021
© 2021 Heyer Consulting & Marketing UG
In der Heyer Consulting & Marketing UG (haftungsbeschränkt)
Bruno-Bergner-Straße 17, 07973 Greiz
Redaktion: Florian Heyer
Umschlaggestaltung: Florian Heyer
Umschlagfoto: Tino Reinhold - Blendwerk24
Fotos: Envato Elements
Druck: BAIRLE Druck & Medien GmbH, Dischingen
Printed in Germany
ISBN: 978-3-00-069099-0

„Schlagfertigkeit ist etwas, worauf du erst 24 Stunden später kommst."

Mark Twain

Inhalt

Stimmmelodie bei Fragesätzen
Stimmmelodie bei Aussagesätzen
Das Sprechtempo
Die richtige Betonung

Ihre Emotionalität frisst Sie auf
Ihre Körpersprache kontert nicht
Sie geraten ins Stottern und nutzen Füllwörter
Ihre Stimme kontert nicht
Sie nehmen sich selbst zu ernst

Übung Nr. 1 – „3-Konter-Übung"
Übung Nr. 2 – Reaktionsübung
Übung Nr. 3 – Schwachstellenanalyse
Übung Nr. 4 – TV-Übung
Übung Nr. 5 – Frage-Übung

Verbale Attacken aufgrund des Geschlechts
Verbale Attacken aufgrund des äußeren
Erscheinungsbildes
Unangenehme Sätze
Beleidigungen
Verbale Attacken aufgrund Ihrer Qualifikation
Verbale Attacken, die Sie desavouieren
Verbale Attacken im Alltag
Verbale Attacken im Berufsleben

Vorwort: Die Macht der Schlagfertigkeit

„Wenn alle Menschen dieser Welt Sie toll finden
würden, dann wäre Schlagfertigkeit nicht
notwendig.“

Gemeinheiten im Alltag und Berufsleben sind leider an der Tagesordnung. Dabei kann der Grund für eine solche Unverschämtheit oder gar Beleidigung vielfältig sein. Gleichgültig ob Neid, Hass oder Eifersucht, Sie können es nicht jedem recht machen.

Sicherlich kennen Sie diese Situation, wenn Sie verbal von einem anderen Menschen attackiert werden. Das Blut pulsiert in Ihren Adern und Sie würden am liebsten zum Gegenschlag ausholen. Ihre Emotionen überschlagen sich. Ein Gemisch aus Wut, Unverständnis und Traurigkeit macht sich in Ihnen breit.

Doch wie sollen Sie antworten?

Schlagfertigkeit ist eine Kunst der Rhetorik. Bereits in der Antike galt diejenige Person als rhetorisch überlegen, welche sich in schwierigen Konfliktsituationen zu helfen wusste. Dabei denken viele Menschen, Schlagfertigkeit sei angeboren und nicht erlernbar, die Masse an möglichen verbalen Attacken nicht zu überblicken oder der situationsbedingte Stress überfordernd.

Sie möchten die Kunst der Schlagfertigkeit erlernen?

Dann habe ich gute Nachrichten für Sie. Mit dem Kauf dieses Buches halten Sie einen waschechten Schlagfertigkeitsratgeber in der Hand, welcher Ihnen in kurzer Zeit alle wichtigen Werkzeuge und Übungen mitgibt, damit Sie nie wieder an Sprachlosigkeit nach einem verbalen Angriff leiden. Auf dem Punkt gebracht und ohne Schnickschnack präsentiere ich Ihnen den Leitfaden, den Sie benötigen, um sich selbst auf die härtesten Angriffe vorzubereiten.

Beachten Sie dabei stets eine Sache:

„Schlagfertigkeit ist wie Judo. Sie beherrschen die Kunst, aber nutzen diese nur zur Verteidigung."

Einleitung – Was ist Schlagfertigkeit

Gleichgültig ob im Berufs-, Privat- oder im Schulleben, das Thema Schlagfertigkeit ist eine verbale Waffe der erfolgreichen Kommunikation. Immer wieder passiert es, dass Sie, anstatt mit sachlicher Argumentation, mit einer unpassenden und fragwürdigen Beleidigung konfrontiert werden. Dabei kennen Sie sicherlich ein ähnliches Szenario wie dieses: Sie sitzen im Meeting mit Ihren Kollegen und diskutieren über die Umsetzung eines neuen Projektes. Dabei entsteht eine hitzige Diskussion zwischen Ihnen und einem Ihrer Kollegen, welche Projektidee die bessere sei. Tragisch nur, dass Ihr Kollege sich mit sinnvollen Argumenten nicht mehr zu helfen weiß, weswegen er mit einer verbalen Attacke versucht, Sie mundtot zu machen.

„Herr/Frau XY, Sie sind doch total inkompetent und haben keine Ahnung von diesem Projekt. Sie sind das Allerletzte, dass Sie sich in mein Projekt einmischen!"

Und jetzt? Wie antworten Sie auf diese Unverschämtheit? Beleidigen Sie zurück? Oder verhalten Sie sich lieber schweigsam? Eine schlagfertige Antwort müsste also her, damit Sie Ihr Gegenüber mit Stil alt aussehen lassen. Doch ausgerechnet jetzt fällt Ihnen nichts ein. Ihr Kopf fühlt sich leer an und die Nervosität und Blicke Ihrer Kollegen plagen Sie. Am Abend, kurz bevor Sie zu Bett gehen wollen, fällt Ihnen die ideale Antwort ein.

„Tja, Herr/Frau XY, das Beste kommt eben immer zum Schluss."

Verdammt, warum fällt Ihnen diese Antwort erst Stunden später ein, obwohl die Diskussion schon längst beendet wurde.

Die Kunst der Schlagfertigkeit hilft Ihnen in genau solchen Situationen. Sie vereint die Fähigkeiten, **schnell, spontan, treffend** und **kreativ** auf die verbale Attacke des Gegenübers einzugehen und manchmal sogar humorvoll abzuwenden, anstatt sich den Kopf über mehrere Minuten mit der perfekten Antwort zu zerbrechen. Schlagfertigkeit ist die Kunst, in unangenehmen, emotionalen Situationen, wie etwa einer Beleidigung, einen wendigen Konter zu finden. Meist geht es dabei vordergründig um Konfliktsituationen, in welchen eine schlagfertige Antwort eine tolle Unterstützung darstellt. Aber auch im Alltag und Privatleben kann eine schlagfertige Antwort ein positives Werkzeug sein.

Womöglich haben Sie ein Problem, anderen Menschen Ihre Meinung zu sagen. Manchmal stört es Sie, alles machen zu müssen, weil Sie nicht „Nein" sagen wollen. Genau dafür ist die Schlagfertigkeit das optimale Werkzeug. Sie hilft Ihnen, aus solchen Situationen flexibel und elegant zu flüchten und mehr Freiraum für sich selbst zu schaffen.

Dabei vergessen viele Menschen immer wieder, dass neben dem verbalen Teil der Kommunikation auch der non-verbale Teil existiert, welcher ca. 93% unserer Gesamtkommunikation ausmacht. Zu einer erfolgreichen Schlagfertigkeit gehört also zudem auch eine große Portion Mut, der Einsatz einer selbstbewussten Körpersprache, die Führung des

Blickkontaktes und das richtige Einsetzen von Ton- und Stimmmelodie. Haben Sie eine perfekte Antwort, aber eine lausige Körperhaltung, wird der Effekt des schlagfertigen Konters schnell verfehlt.

Manche Menschen sind wie gemacht für die Schlagfertigkeit, anderen Menschen wiederum fehlt es an Kreativität oder Einfallsreichtum, blöde Sprüche zu kontern. Doch gleichgültig, in welcher Situation Sie sich befinden, Schlagfertigkeit können Sie ohne Problem erlernen. Es liegt in Ihrer Natur, sich gegen Angriffe zur Wehr zu setzen, weshalb also nicht auch verbal? Mit diesem Buch haben Sie sich für den perfekten Leitfaden zum Thema Schlagfertigkeit entschieden und es sorgt in Zukunft dafür, dass Sie immer eine passende Antwort parat haben werden.

1. Schlagfertig auftreten

Wer schlagfertig sein will, muss auch so auftreten. Wie bereits beschrieben, ist dabei nicht nur die spontane Gegenantwort wichtig, sondern auch die innere Einstellung zu sich selbst. Wenn Sie nicht an sich selbst glauben, Unsicherheit ausstrahlen und Ihnen ein klares Selbstbild fehlt, so werden Sie es schwer haben, eine schlagfertige Wirkung zu erzielen.
Glaubenssätze wie:

„Ich kann das nicht.",

„Ich kann keine Änderungen bewirken.",

„Ich muss mir das so gefallen lassen.",

„Ich darf mich nicht wehren.",

werden Ihnen dabei den Boden unter den Füßen wegziehen, wenn Sie Ihre Grundeinstellung nicht ändern. Um in Zukunft schlagfertig und selbstsicher aufzutreten, sollten Sie folgende Punkte besonders beachten:

Selbstsicherheit und innere Stabilität

Der Hauptgrund, weshalb Sie sich in hitzigen Diskussionen nicht schlagfertig artikulieren können, liegt meist an den emotionalen Blockaden im Gehirn. Diese blockieren Ihre Denkprozesse und greifen Sie auf einer emotionalen Ebene an. Wenn Sie sich Aussagen des Gegenübers zu sehr zu Herzen nehmen, werden Sie nie eine halbwegs schlagfertige Antwort abgeben können. Strahlen Sie also Gelassenheit und Selbstsicherheit aus. Sie sind überzeugt von Ihren Fähigkeiten und Ihrer Persönlichkeit. Innere und äußere Ruhe sind der Schlüssel jeder schlagfertigen Antwort.

Respekt

„Ich spreche mit jedem gleich, egal ob es sich um den Müllmann oder den Präsident der Universität handelt." Dieses Zitat von Albert Einstein verdeutlicht wunderbar das zweite Element des schlagfertigen Auftretens: der Respekt. Haben Sie sich auch schon einmal gefragt, wie viel Frechheit beim Thema Schlagfertigkeit erlaubt ist? Ich kann Ihnen so viel sagen, dass ein respektvoller Umgang miteinander die halbe Miete ist. Sie entgegnen dem Gegenüber mit dem gleichen Respekt, welchen Sie von ihm auch erwarten. Wertschätzung und Verständnis bringen Sie viel weiter als ein Tunnelblick.

Beachten Sie vor allem in Bereichen, wo Sie eine lange Zeit mit denselben Menschen zusammenarbeiten, dass Sie auf verbale Attacken unter der Gürtellinie, unnötige Eskalationen und angreifende Beleidigungen verzichten.

Kennen Sie sich selbst!

Einer der größten Fehler vieler Menschen ist die Selbstüberschätzung oder Selbstunterschätzung. Kennen Sie Ihre Fähigkeiten, Ihre Stärken und Ihre Schwächen. Seien Sie ehrlich zu sich selbst.

Eigenständigkeit und Eigeninitiative

Selbstständiges Denken und Entscheiden ist ein ebenso wichtiger Bestandteil des schlagfertigen Auftretens. Stehen Sie für sich und Ihre verantwortungsvoll getroffenen Entscheidungen ein und verteidigen Sie diese. Eine Person, die selbstständig und unabhängig ist, wird gerade dann ernster genommen.

1.1 Was zeichnet eine schlagfertige Antwort aus

Eine schlagfertige Antwort zeichnet sich durch eine **schnelle, spontane, kreative** und **treffende** Reaktion aus. Doch was bedeutet das genau? Eines der bekanntesten Merkmale ist dabei ganz klar die

Schnelligkeit der Reaktion. Wenn Sie nach einem verbalen Angriff erst einmal fünf Minuten damit verbringen, eine schlagfertige Rückantwort zu formulieren, werden Sie allerhöchstens ausgelacht. Schnell sein bedeutet konkret, eine passende Antwort binnen zwei bis fünf Sekunden parat zu haben. Die Faustregel lautet hierbei ganz klar: Je länger Ihre Reaktion dauert, desto geringer wird die Wirkung Ihrer schlagfertigen Antwort.

Spontanität ist ein sicherlich ebenso wichtiger Punkt der Schlagfertigkeit, denn leider wird Sie niemand vorwarnen, dass Sie in naher Zukunft von einer Person verbal attackiert werden. Spontanes Antworten definiert sich über eine unerwartete Situation, in welcher Sie reaktionsfähig sein müssen. Auch wenn diese Szenarien unvorhersehbar sind, können Sie sich dennoch auf gewisse Angriffe vorbereiten. Oft spüren Sie unterschwellig, dass etwas im Freundeskreis nicht stimmt oder ein Lehrer Sie nicht leiden kann. Seien Sie also auf Eventualitäten vorbereitet, um Ihre Schlagfertigkeit in Sachen Spontanität zu verbessern.

Kreativität ist der Schlüssel zum überraschenden Gegenangriff. So war es bereits in der Antike. Sicherlich kennen Sie das hölzerne Pferd aus der griechischen Mythologie, in welchem sich griechische Soldaten versteckt hielten, um bei Nacht und Nebel einen überraschenden Angriff zu starten. Auch wenn Troja als uneinnehmbar galt, war es den griechischen Soldaten möglich, diese These mit einer überraschenden List zu falsifizieren. Daraus können wir lernen, dass Sie unabhängig davon, wie gut die rhetorischen Fähigkeiten des Gegenübers auch sein mögen, selbst mit einer kreativen und überraschenden Antwort große Rhetoriker zu Fall bringen können. Nutzen Sie diese Kreativität zu Ihrem Vorteil.

Treffend ist der letzte, aber dennoch entscheidende Faktor einer guten, schlagfertigen Antwort. Es nützt Ihnen nichts, wenn Sie schnell, spontan und kreativ sind, aber Ihre Reaktion vollkommen am Thema vorbei schießt. Der Angreifer wird Sie danach entweder fragend anschauen oder auslachen. Treffend ist Ihre Antwort dann, wenn sie inhaltlich genau auf die verbale Attacke passt und somit die gewünschte Wirkung nicht verfehlt. Hierzu möchte ich Ihnen mein Lieblingsbeispiel der Schlagfertigkeit aus der Historie vorstellen. Winston Churchill, ehemaliger britischer Premierminister und begnadeter Rhetoriker, war neben seiner Vorliebe für gute Zigarren und teuren Whiskey überaus bekannt für seine schlagfertigen Antworten. In einer Abendgesellschaft soll eine gewisse Lady Astor zu ihm gesagt haben: „Wenn ich Ihre Frau wäre, würde ich Ihnen Gift in den Kaffee mischen!" Daraufhin entgegnete der schlagfertige Churchill mit der Umkehrtechnik: „Und wenn ich Ihr Mann wäre, würde ich diesen Kaffee trinken." Grandios! Treffender kann Ihre Antwort kaum sein.

1.2 Wieso jeder schlagfertig werden kann

„Ich habe Angst, mit meiner Antwort zu frech zu sein."

„Ich fühle mich schnell emotional verletzt von anderen Personen."

„Ich erwarte von anderen Menschen immer eine positive Haltung gegenüber meiner Person."

Können Sie mindestens eine dieser Aussage auf Ihre Person projizieren? Falls nicht, sind Sie in meinen Augen für die Schlagfertigkeit geboren. Jedoch sind diese Aussagen meist der springende Punkt für sich zu sagen, dass man nicht schlagfertig sein kann. Doch das ist schlichtweg falsch!

Der Hauptgrund, weswegen viele Menschen in Gesprächen nicht schlagfertig agieren können, ist eine emotionale Blockade in ihrem Kopf. Sie fühlen sich nach einer verbalen Attacke verletzt, beleidigt oder sogar stark gekränkt. Diese Emotionen blockieren weitere Denkprozesse, die eine schlagfertige Antwort unmöglich machen. Sie haben aus meiner Sicht zwei Möglichkeiten. Entweder Sie lernen, wie Sie Ihre persönlichen Gedanken und Emotionen besser kontrollieren können und wie Sie negative Energien nicht zu nah an sich heranlassen oder Sie lernen die passenden Schlagfertigkeitstechniken, mit welchen Sie immer eine passende Antwort parat haben. Sie kennen vielleicht das Sprichwort: „Das Leben ist kein Ponyhof." Und so traurig wie es auch klingt, entspricht dies der Wahrheit. Nicht jeder wird Sie mögen und nicht jede Person wird Ihre Ideen toll finden. Sie sollten daher nicht zu hohe Erwartungen an Ihr Gegenüber haben, der Sie mit einer verbalen Attacke überraschen kann. Damit will ich nicht sagen, dass jeder Mensch schlecht ist und Sie eine negative Einstellung in der Kommunikation mit Ihren Mitmenschen aufbauen sollen. Vielmehr möchte ich Ihr Bewusstsein für das Potenzial eines verbalen Angriffs schärfen.

Zusätzlich zur Erwartungshaltung sollten Sie ein positives Bewusstsein zu Ihrer eigenen Person schaffen. Nehmen Sie sich so an, wie Sie sind. Jeder Mensch hat Talente. Der eine ist künstlerisch begabt, der nächste ist ein Ass in naturwissenschaftlichen Fächern und Sie sind womöglich begnadeter Aktienanalyst. Gleichgültig, welche Talente und Fähigkeiten Sie besitzen, es wird Ihnen unmöglich sein, alles wissen zu können. Daran scheiterte bereits der alte Faust in Goethes Meisterwerk. Selbstannahme und Selbstakzeptanz sind dabei wichtige Faktoren, um eine erfolgreiche Schlagfertigkeit zu praktizieren.

Zuletzt stellen Sie sich die Frage: „Warum muss diese Person auf eine beleidigende, verbale Attacke in der Diskussion zurückgreifen?" Meist sind diese Menschen selbst mit sich unzufrieden und neidisch auf Sie. Beleidigend werden nur charakterschwache Menschen, die sich mit strukturierten Argumenten nicht mehr zu helfen wissen. Wollen Sie sich diese Aussagen dann wirklich zu Herzen nehmen?

1.3 Ausstrahlung & Körpersprache

„Man kann nicht nicht kommunizieren."
– Paul Watzlawick

Das wohl berühmteste Zitat zum Thema Kommunikation und Körpersprache bringt es auf den Punkt. Nicht zu kommunizieren, ist unmöglich. Auch wenn Sie nichts sagen, kommunizieren Sie durch unbewusste Körpersignale wie Blickkontakt, einen unruhigen Stand oder nervöses Fingerreiben. Die weit verbreitete Mehrabian-Formel konkretisiert diese Annahme. So sind 93 % der Kommunikation non-verbal und setzen sich aus dem Wirkungsverhältnis von Inhalt, Stimme und Körpersprache in einem Verhältnis von 7 % - 38 % - 55 % zusammen. Bekannte Sprichwörter wie „Schweigen ist Gold" oder „Ein Bild sagt mehr als tausend Worte" verdeutlichen dieses Kommunikationskonstrukt.

Der Psychologe Albert Mehrabian führte zudem eine sehr interessante Untersuchung durch, in der er herausfand, dass Menschen vor allem bei widersprüchlichen Aussagen eher der Körpersprache als dem gesprochenen Wort Glauben schenken. Stellen Sie sich selbst einmal die Frage. Eine Person kommt auf Sie zu, ohne Blickkontakt, mit schiefer Haltung und nervösen Gesten und möchte Ihnen eine Lüge auftischen, die sonst sehr souverän klingt. Glauben Sie dem gesagten Wort oder eher der fragwürdigen Körpersprache?

Aus diesem Grund ist die Körpersprache ein wichtiger Bestandteil Ihrer schlagfertigen Aussagen. Treten Sie selbstbewusst auf, denn ansonsten nimmt man Ihnen kein Wort ab.

Der Blickkontakt

Der Augenkontakt ist ein bedeutsamer Faktor erfolgreicher Kommunikation. Dabei bietet er tiefe Einblicke in die menschliche Psyche des Gegenübers. Die Augen allein haben eine geballte Aussage- und Kommunikationskraft und können die Beziehung zweier Personen bestimmen. Umso wichtiger ist es daher für Sie, dass Sie bei einer schlagfertigen Antwort nicht Ihr Gesicht verlieren. Ein dominanter Blick unterstützt immens die Reaktion auf die verbale Attacke des Gegenübers. Sie wirken selbstsicher und selbstbewusst, sodass Ihr Gegenüber es schwer haben wird, auf Ihre Rückantwort noch ein Ass im Ärmel zu haben. Dabei heißt einen „dominanten Blick" aufzusetzen nicht, dass Sie grimmig oder böse schauen sollen. Wichtig ist vielmehr ein gelassener, selbstsicherer Blick. Fokussieren Sie nach einer verbalen Attacke die Augen des Gegenübers und lassen Sie erst nach Ihrer Reaktion davon ab. 100 % Blickkontakt ist hier die Devise. Wer auf den Boden schaut, strahlt Unsicherheit und fehlende Schlagfertigkeit aus. Diese Eigenschaften bieten dem verbalen Angreifer Schießpulver für weitere Angriffe. Es kommt zum Überlegenheitsgefühl des Gegenübers. Lassen Sie dies nicht zu!

Fehlender Blickkontakt kann mit zwei Gründen assoziiert werden:

Sie sind desinteressiert und möchten dem Gegenüber keinen Respekt erweisen.

Oder:

Sie stellen sich unter diese Person und fühlen sich unterlegen, da Sie Angst vor eventuellen Konsequenzen haben.

Beide Varianten sind eher suboptimal und schenken dem verbalen Angreifer den Sieg.

Das Gesicht

Das Gesicht gehört, wie der Blickkontakt, zu den wichtigsten Faktoren der Kommunikation. Es verrät viel über die Eigenschaften einer Person und ist der erste Fixpunkt in einem Gespräch. Bei einem verbalen Angriff ist es daher wichtig, dass Ihnen nicht die Gesichtszüge „entgleiten".

Auch hier gilt: Schauen Sie nicht grimmig oder böse, sondern entspannen Sie Ihr Gesicht. Verbale Angriffe berühren Sie meist emotional, vor allem für Anfänger ist das einer der größten Knackpunkte in Sachen Schlagfertigkeit. Wenn man Ihnen ansieht, dass Sie von einem Angriff überwältigt und gekränkt sind, haben Sie schlechte Karten in Ihrer schlagfertigen Reaktion. Reagieren Sie ganz gelassen und konzentrieren Sie sich auf den Konter.

Hier meine Tipps für ein richtiges Pokerface in puncto Schlagfertigkeit:

Setzen Sie ein gelassenes, neutrales und entspanntes Gesicht auf. Ihre Gesichtszüge sind dabei geschmeidig und kommunizieren keine Angst.

Zeigen Sie Neutralität im Mundbereich. Ziehen Sie dazu Ihre Mundwinkel minimal an. Sie sollten nicht lächeln (es sei denn, Sie verwenden Selbstironie oder eine Technik mit Humor). Sie sollten darüber hinaus selbstverständlich ein trauriges Gesicht vermeiden. Damit Sie eine ungefähre Vorstellung haben, stellen Sie sich das biometrische Passbild für einen Personalausweis vor. Das Gesicht auf diesem Passbild ist neutral, ein Lächeln ist nicht zu erkennen. Vermeiden Sie jedoch das Starren in die Kamera (Augen des Gegenübers).

Entspannen Sie Ihre Muskulatur vor allem im Kiefer-bereich. Andernfalls tragen Sie dadurch Ihre innere Anspannung automatisch nach außen und suggerie-ren Unsicherheit, Wut oder Hass.

Die richtige Körperhaltung

Das Gebot der Stunde lautet: Stehen Sie gerade, selbstbewusst und aufrecht. Folgenden typischen Satz haben Sie sicherlich schon einmal gehört: „Brust raus, Schultern zurück, aufrechter Stand." Auch wenn der Satz mittlerweile etwas überzogen wirkt, stellt er tatsächlich die essentiellen Gesichts-punkte einer selbstbewussten Körperhaltung heraus. Wenn Sie Ihre Schultern in den vorderen Bereich Ihres Körpers bewegen, machen Sie sich kleiner als Sie sind.

„Protzen, um dem Feind zu trotzen."

Eine Devise aus dem Tierreich. Viele Tiere stellen sich groß und breit auf, sobald Gefahr im Verzug ist. Der Pfau beispielsweise präsentiert sein gewaltiges Federkleid, um Dominanz zu demonstrieren und dem Feind Angst einzujagen.

Stellen Sie sich daher auch breit auf. Ziehen Sie Ihre Schulterblätter nach hinten, um einen breiteren Rü-cken zu zeigen. Das zeugt von Selbstbewusstsein und Stärke. Dadurch wird Ihre Brust automatisch heraustreten und Sie neigen Ihren Körper nicht zu sehr nach vorne.

Ein weiterer, zu beachtender Punkt ist ein gerader Rücken. Halten Sie Körperspannung und stehen Sie nicht schlaksig da.

Ihre Füße sagen mehr aus, als Sie womöglich denken. Wissenschaftler haben herausgefunden, dass man anhand der Füße am meisten über eine Person und deren Zustand erfahren kann. Das liegt daran, dass wir meist nicht auf unsere Füße achten, sondern uns eher auf die restliche Körpersprache des Oberkörpers konzentrieren. Wenn Sie aber ein begnadeter Schlagfertigkeitsexperte werden möchten, sollten Sie lernen, Ihre Füße zu kontrollieren. Diese können Ihnen beispielsweise verraten, ob eine Person aus einer bestimmten Situation flüchten möchte, indem sie ihre Füße in Richtung Tür positioniert. Vermeiden Sie eine solche Haltung, denn sie suggeriert das Verlangen, aus einer unangenehmen Situation flüchten zu wollen.

Dynamik und Bewegung im Körper

Vor allem bei Anfängern, welche sich mit dem Thema Schlagfertigkeit noch nicht auseinandergesetzt haben, passiert es häufig, dass sie nach einer verbalen Attacke wie angewurzelt dastehen. Bei anderen Personen wiederum wirkt die Körpersprache sehr weich, instabil und unkontrolliert. Beide Extreme sind eher unvorteilhaft. Wie im vorangegangenen Punkt bereits beschrieben, ist es wichtig, auf eine gewisse Körperspannung zu achten, die dennoch ungezwungen und leicht wirkt. Pflegen Sie zudem kontrollierte Bewegungen in Ihre Körpersprache mit ein, ohne dass Sie hektisch hin und her wackeln oder Ihr Gegenüber mit Gesten überschütten. Sie sind kein Hampelmann!

Achten Sie darauf, dass Ihre Knie und Füße nicht wippen oder Sie mit Ihren Händen nervöse Fingerspiele beginnen.
Auch das Kratzen am Ohr zählt zu den typischen nervösen Gesten, welche Ihren inneren Zustand widerspiegeln.

Wo gehören die Hände hin?

Eine vermehrt gestellte Frage, welche ich im Kontext der Schlagfertigkeit nur kurz anschneiden möchte. Es gibt für mich drei Körperbereiche, in welchen Sie mit Ihren Händen agieren können.

Die Zone A, welche sich unterhalb der Gürtellinie befindet, stellt die passive Zone da. Hier wirken Ihre Gesten eher schwach und inaktiv. Meist zeugt diese Position der Hände für Desinteresse oder Unsicherheit.

Zone B hingegen ist der aktive Bereich der Gestikulation. Dieser Bereich befindet sich zwischen Gürtel- und Augenhöhe. In diesem Raum sollten Sie sich mit Ihren Händen bewegen. Sie stellen aktive Handlungen und selbstbewusstes Auftreten dar. Zudem stellen Sie die besagte Dynamik und Bewegung im Körper her. Verwenden Sie Gesten, um Ihre Schlagfertigkeit zu unterstützen. Sorgen Sie jedoch dafür, dass Ihre verwendeten Gesten stets kontrolliert und ruhig wirken.
Die letzte Zone C ist die aggressive Zone. Von diesem Bereich der Gestikulation sollten Sie in der

Schlagfertigkeit um jeden Preis Abstand nehmen. Dieser definiert sich oberhalb der Augenhöhe und wird meist bei sehr hitzigen Diskussionen oder Reden genutzt. In der Schlagfertigkeit wollen Sie verbal gewinnen und nicht durch körperliche Androhung den anderen einschüchtern. Vermeiden Sie diese Zone unbedingt.

Der Stand

Neben der allgemeinen Körperhaltung ist auch der feste Stand ein wichtiger Bestandteil der schlagfertigen und selbstbewussten Körperhaltung. Achten Sie dabei besonders auf einen schulterbreiten Stand. Ihre Beine und Füße sollten geradeaus gerichtet sein. Stabilität ist neben der Breite Ihres Stands ausschlaggebend. Ihr gesamter Körper sollte eine gewisse Spannung besitzen, ohne dass Sie verkrampft wirken.

Stehen Sie frei im Raum. Das Anlehnen an einem Tisch oder dergleichen schafft kein gutes Gesamtbild. Auch die Gewichtsverlagerung auf ein Bein lässt Ihre gesamte Körperhaltung schief aussehen. Verteilen Sie Ihr gesamtes Körpergewicht auf beide Füße, um einen geraden Stand zu ermöglichen. Wie das Sprichwort besagt: „Stehen Sie mit beiden Beinen im Leben."

1.4 Tonalität und Stimmmelodie

Die Tonalität, Stimmmelodie und die allgemeine Stimmführung spielen neben der Körpersprache die entscheidende Rolle dafür, ob Ihr verbaler Konter tatsächlich ernst genommen wird oder nicht. Die Stimme ist ein mächtiges Werkzeug der Rhetorik und Kommunikation und sollte auch als dieses verwendet werden. Ich habe Ihnen bereits Albert Mehrabian vorgestellt, welcher nicht nur Experimente für die Körpersprache, sondern auch für die Stimme und Stimmführung durchführte. Ähnlich wie bei der Körpersprache vertrauen wir Menschen eher der Stimme als dem gesagten Wort. Stellen Sie sich vor, eine Person sagt mit einer piepsigen Stimme:

„Ich habe das nicht getan …"

Glauben Sie dann tatsächlich, dass diese Person die Tat nicht begangen hat?

Achten Sie vor allem auf eine selbstbewusste, nicht zu leise und engagierte Stimme beim Kontern.

Selbstbewusste Stimme

Schlagen Sie eine tiefe Stimmlage ein. Diese wirkt vertrauenswürdiger und dominanter als eine piepsige, leise Stimme.

Lautstärke der Stimme

Leise Konter sind meist nicht so effektiv wie eine laute und verständliche Reaktion auf die verbale Attacke des Gegenübers. Bedenken Sie jedoch dabei, dass Sie den anderen nicht anschreien, denn dann haben Sie genau so wenig gekonnt wie Ihr Angreifer. Achten Sie möglichst auf eine gut verständliche Lautstärke. Auch wenn Sie ein eher ruhigerer Typ mit einer von Natur aus leiseren Stimme sind, nehmen Sie Ihren Mut zusammen und sagen Sie laut und deutlich Ihre Meinung.

Engagiertes Kontern

Neben den genannten Aspekten ist ein engagierter Konter ebenfalls empfehlenswert. Das heißt, dass Sie Motivation, Emotionalität und Energie in Ihre Worte einbringen sollten. Nutzen Sie die gesamte Macht der Stimme, um der anderen Partei Ihren Standpunkt zu schildern und klar zu machen.

Die Stimmmelodie

Das Schlimmste, was Ihnen in der Kommunikation passieren kann, ist, Langeweile beim Gegenüber zu wecken. Auch beim Kontern wollen Sie direkt wahrgenommen und natürlich auch ernst genommen werden. Meiden Sie daher grundsätzlich eine monotone Stimmlage, welche keine Betonungen beinhaltet. Bei manchen Techniken jedoch kann eine monotone Stimmlage kommunizieren, dass Sie die verbale Attacke des Gegenübers nicht stört. Somit schlagen Sie den Angreifer in die Flucht. Dieser erwartet nämlich ein zerrüttetes Gefühl bei Ihnen.

Stimmmelodie bei einem Fragesatz

Bei manchen Techniken wie beispielsweise der Rückfragetechnik müssen Sie mit einer Frage kontern. Dabei ist es wichtig, dass Sie Ihre Stimme am Ende des Satzes nach oben führen, sodass eine typische Fragesituation entsteht. Diese Technik verstärkt zusätzlich die Aussage Ihres Konters immens.

„Ihr Urlaub war nicht schön, oder?"

Stimmmelodie bei einem Aussagesatz

Bei den meisten Techniken wiederum arbeiten Sie mit klaren Aussagesätzen. Hier führen Sie Ihre Stimme am Ende des Satzes nach unten und sorgen hiermit für einen klaren Punkt am Ende des Satzes. Dadurch verleihen Sie Ihrer Aussage mehr Nachdruck und Klarheit, was sich positiv auf die Effektivität Ihres Konters auswirkt.

„Das ist Ihre Meinung."

Wichtig: Bei einem Aussagesatz sollten Sie niemals mit der Stimme am Ende des Satzes nach oben gehen. Dies zeigt Unsicherheit und wirkt, als wollten Sie Ihr Gegenüber fragen, was er von Ihrem Konter hält.

Das Sprechtempo

Ein klarer, deutlicher und langsamer Konter kann ebenso effektiv sein wie ein schnell gesprochener Konter. Das Sprechtempo können Sie zu Ihrem Vorteil nutzen, um einen noch intensiveren und ausdrucksvolleren Konter zu kreieren.
Das sogenannte „Power-Talking" kann Ihnen dabei helfen, Ihren Konter mit einem schnellen Tempo zum Einschlag beim Gegenüber zu bringen. Wählen Sie das Sprechtempo nach Situation und Ihrem Belieben. Bei einer wirklich sehr hitzigen Diskussion kann es helfen, wenn Sie mit einem langsamen und ruhigen Konter agieren, um die Situation zu entschärfen.

Macht man sich jedoch über Sie lustig, kann ein schneller und lauter Konter wahre Wunder bewirken.

Die richtige Betonung

Zuallererst möchte ich Ihnen anhand eines Beispiels die Macht der Betonung in der Rhetorik und Kommunikation einmal vorstellen. Dazu habe ich Ihnen einen Satz vorbereitet, welchen Sie sechsmal laut vorlesen. Dabei betonen Sie den unterstrichenen Teil des Satzes besonders:

„Ich gehe morgen nicht mit dir ins Kino."

„Ich gehe morgen nicht mit dir ins Kino."

„Ich gehe morgen nicht mit dir ins Kino."

„Ich gehe morgen nicht mit dir ins Kino."

„Ich gehe morgen nicht mit dir ins Kino."

„Ich gehe morgen nicht mit dir ins Kino."

Haben Sie etwas bemerkt? Durch den Wechsel der Betonung eines Satzteils verändert sich automatisch die Bedeutung der Aussage.

„Ich gehe morgen nicht mit dir ins Kino."

In diesem Beispiel wird das Wort „ich" betont. Dadurch zeigen Sie, dass nicht Sie selbst zu dem Treffen im Kino erscheinen, aber es durchaus eine andere Person machen würde oder könnte.

„Ich <u>gehe</u> morgen nicht mit dir ins Kino."

Es regnet und Sie möchten trocken im Kino ankommen. Durch die Betonung auf dem Wort „gehe" suggerieren Sie dem Gegenüber, dass Sie auf keinen Fall zum Kino laufen wollen. Einer Fahrt mit dem Auto oder mit der Bahn steht jedoch nichts im Wege.

„Ich gehe <u>morgen</u> nicht mit dir ins Kino."

Sie haben am morgigen Tag einen vollen Terminkalender und möchten aus diesem Grund nicht ins Kino. Durch die gezielte Betonung auf dem Wort „morgen" kommunizieren Sie, dass der Gang zum Kino morgen nicht stattfinden wird. Am Wochenende wären Sie beim Treffen im Kino dabei.

„Ich gehe morgen <u>nicht</u> mit dir ins Kino."

Durch die Betonung auf „nicht" verleihen Sie dem Satz eine verstärkte Aussage, dass Sie auf keinen Fall ins Kino möchten.

„Ich gehe morgen nicht <u>mit dir</u> ins Kino."

Sie können eine Person überhaupt nicht leiden und möchten ihr sagen, dass Sie nicht in Begleitung der Person ins Kino gehen werden. Mit anderen Personen und Freunden freuen Sie sich jedoch auf den entspannten Filmabend.

„Ich gehe morgen nicht mit dir <u>ins Kino.</u>"

Sie hassen es, Filme zu schauen und möchten trotzdem etwas mit Ihren Freunden unternehmen.

Dann würden Sie wie in diesem Beispiel den Teil des Satzes „ins Kino" betonen. Dadurch zeigen Sie, dass Sie durchaus bereit wären, etwas zu unternehmen, das Kino aber weniger Ihren Präferenzen entspricht.

Doch was bedeutet das nun für Ihre Schlagfertigkeit? Dadurch, dass Sie jetzt wissen, welche Auswirkungen die Betonung eines bestimmten Wortes oder Teil eines Satzes hat, können Sie sich die erweiterte Wirkung bereits vorstellen. Bei einem Konter ist es wichtig, neben dem eigentlichen Inhalt auch den wichtigsten Teil zu betonen. Demnach verleihen Sie einem gewissen Teil des Satzes eine starke Schlagkraft für den Gegenangriff. Betonen Sie hierzu bitte folgendes Beispiel, um das Ergebnis einer falschen Betonung einer schlagfertigen Reaktion zu verinnerlichen.

Person A: „Sie sind so inkompetent. Ich gebe Ihnen noch eine Woche, um Ihre Projektarbeit zu beenden. Wahrscheinlich haben Sie mit dem Chef geschlafen, um in diese Position zu kommen."

Person B: „Und ich gebe Ihnen noch eine Woche Zeit, zu lernen, wie Sie höflich mit mir sprechen."

Eine viel passendere Betonung wurde im folgenden Beispiel gewählt.

Person B: „Und _ich_ gebe _Ihnen_ noch _eine_ Woche Zeit zu lernen, wie Sie _höflich_ mit _mir_ sprechen."

Sie sehen, dass die passende Betonung Ihren Konter (in diesem Fall ein Konter mit der Umkehrtechnik) zusätzlich perfektioniert und schlagkräftiger werden lässt. Achten Sie daher auf eine zweckdienliche und vor allem sinnvolle Betonung.

Möchten Sie beispielsweise klare Grenzen setzen, betonen Sie die Pronomen „Ich", „Du" und „Sie". Ist Ihnen eine konkrete Handlung des anderen wichtiger, legen Sie Ihre Betonung auf die vorliegende Handlung.

Zusätzlich ist die Betonung ein wichtiges Werkzeug der Selbstironie. Anhand Ihrer Stimme können Sie dem Gegenüber klar kommunizieren, dass es sich bei diesem Konter um Ironie handelt. Zudem können Sie bei humorvollen Kontern mit einem gesenkten Lachen in der Stimme Ihren Unmut über den lächerlichen verbalen Konter preisgeben. Nutzen Sie die Macht der Stimme zu Ihrem persönlichen Vorteil.

1.5 Anfängerfehler beim Thema Schlagfertigkeit

Damit Sie ein waschechter Schlagfertigkeitsprofi werden, möchte ich Ihnen im folgenden Abschnitt die typischen Anfängerfehler der Schlagfertigkeit aufzeigen.

Ihre Emotionalität frisst Sie auf

Wir Menschen sind emotionale Wesen und neigen oft und schnell dazu, verbale Attacken auf die eigene Person zu projizieren und diese zu ernst zu nehmen. Wie bereits weiter oben beschrieben, bauen diese Gefühle Blockaden in unserem Gehirn auf, welche dazu führen, dass Ihnen der schlagfertige Konter nicht einfällt oder Ihre Körpersprache in eine negative Haltung verfällt.

Lassen Sie diese Emotionen nicht zu und betrachten Sie Situationen, in welchen Sie mit einer verbalen Attacke konfrontiert werden, gelassen und entspannt.

Merke: Es wird niemals möglich sein, dass Ihnen jeder Mensch wohl gesonnen ist. Akzeptieren Sie diese Gegebenheit und gehen Sie mit sich selbst locker um.

Was bringt es Ihnen, wenn eine Person Sie von Grund auf nicht leiden kann? Selbst wenn Sie sich für diese Person um 180 Grad verändern würden, wäre die Person damit beschäftigt, neue Angriffspunkte an Ihrer Person auszumachen.

Ihre Körpersprache kontert nicht

Das Mehrabian-Experiment von Albert Mehrabian ergab, dass wir Menschen hinsichtlich einer verbalen Aussage im Zweifel eher der Körpersprache und nicht dem gesagten Wort vertrauen. Deswegen ist es für Sie umso wichtiger, dass Sie das, was Sie sagen, auch fühlen und durch Ihre Körpersprache kommunizieren. Um Ihnen diesen Anfängerfehler besser erläutern zu können, stelle ich Ihnen folgendes Beispiel vor:

Sie sollen am morgigen Tag eine immens wichtige Präsentation vor großem Publikum halten. Diese Präsentation entscheidet über Ihre Beförderung im Beruf und bringt eine satte Gehaltserhöhung mit sich. Ihr Traum vom Familienurlaub auf den Malediven steht somit nichts mehr im Wege. Sie bereiten sich optimal auf Ihre Präsentation vor, da Sie wissen, wie viel davon abhängt.

Am Tag der Präsentation merken Sie bereits, wie das Adrenalin durch Ihre Venen strömt. Nervosität tut sich bei Ihnen auf. Diese Nervosität lässt sich vor allem anhand Ihrer Körpersprache ausmachen. Sie fühlen sich wie schweißgebadet und möchten am liebsten nur noch aus dieser Situation fliehen. Dann sprechen Sie die ersten Worte Ihrer Präsentation:

„Ich freue mich unglaublich, heute meine Präsentation halten zu können."

Ihr nervöses Fingerreiben und Ihre schlotternden Beine verraten aber das genaue Gegenteil Ihres gesprochenen Wortes. Ihre Körpersprache kommuniziert Unsicherheit und Unentschlossenheit. Ihre Aufgabe als Präsentator ist es, den Zuschauer mitzureißen, authentisch und vertrauenswürdig Ihre Standpunkte zu einer Sache zu schildern. Mit Ihrem Widerspruch erreichen Sie jedoch das komplette Gegenteil Ihres Willens. Der Zuschauer fühlt sich belogen und Ihre Authentizität und Glaubwürdigkeit ist im Keller. Wie wollen Sie die Zuschauer jetzt noch für sich gewinnen?
Ganz nach dem Motto:

„Wer einmal lügt, dem glaubt man nicht, auch wenn er dann die Wahrheit spricht."

Seien Sie ehrlich, natürlich sind Sie aufgeregt und nervös. Das ist auch gut so. Durch das Adrenalin im

Körper sind Sie zu Höchstleistungen fähig. Nutzen Sie diese Eigenschaft zu Ihrem Vorteil und sprechen Sie die Nervosität offen an.

„Trotz meiner Aufregung, Ihnen meine umsatzsteigernde Idee des neuen Projektes vorzustellen, freue ich mich, heute meine Präsentation halten zu können."

Ehrlichkeit währt am längsten, auch in der Körpersprache.

Nachdem Sie mein Beispiel verinnerlicht haben, möchte ich den Bezug zur Schlagfertigkeit herstellen. Auch da ist eine ehrliche und authentische Körpersprache enorm wichtig.
Ein verbaler Konter ohne schlagfertige Körpersprache ist wie gewollt, aber nicht gekonnt. Achten Sie daher auf eine selbstbewusste und selbstsichere Körpersprache, damit Ihr Konter die volle Wirkung entfalten kann.

Sie geraten ins Stottern und nutzen Füllwörter

Nach einer verbalen Attacke wird das Stresshormon Kortisol ausgeschüttet. Dies führt zu einer erhöhten Nervosität und Sie geraten in eine unsichere Situation. Durch die steigende Aufregung können Sie Ihre Gedanken nicht mehr ordnen und Sie fangen an zu stottern oder diverse Füllwörter wie „ähm", „eh" oder „uh" in Ihren Denkpausen zu platzieren. Dem verbalen Angreifer suggeriert dies offensichtliche Unsicherheit in Ihrem Konter und Ihre Verteidigung wurde durchbrochen.

„Ähm ... Warten Sie mal ... eh das ist Ihre Meinung ... genau."

Klingt diese Reaktion für Sie schlagfertig? Ich denke eher nicht.

Um Füllwörter auch im Alltag loszuwerden, ist der Einsatz von sogenannten Kunstpausen wichtig. Sprechpausen haben viele Vorteile neben dem Effekt der Minderung von Füllwörtern.

Verständnis und Verarbeitung der Informationen

Wenn Sie ohne Punkt und Komma reden, haben Ihre Zuschauer nie die Möglichkeit, einzelne Informationen Ihres gesprochenen Wortes wahrzunehmen und zu verarbeiten. Zudem fehlen Ihnen wichtige Pausen, um Ihre eigenen Gedanken neu zu strukturieren und sinnvolle Aussagen in Satzform zu bilden.

Wirkung auf den Zuschauer

Durch das bewusste Einsetzen von Pausen in einem Gespräch wirken Sie geordnet und strukturiert. Dadurch nimmt der Zuhörer Sie als eine selbstbewusste und selbstsichere Person wahr.

„Ähms" vermeiden

Unser Gehirn hat das Bedürfnis, stetig einen Klang wahrzunehmen. Diesen erzeugen wir dann durch sogenannte Füllwörter, die keinen semantischen

Sinn haben. Meiden Sie diese Füllwörter durch den Einsatz von Pausen.

„[PAUSE] Das ist Ihre Meinung! [PAUSE]"

Ihre Stimme kontert nicht

Ähnlich wie beim zweiten Anfängerfehler spielt die Stimme auch eine entscheidende Wirkung in der Effektivität Ihres Konters. Eine piepsige Stimme zu einem schlagfertigen Konter lässt Sie schnell alt aussehen. Beachten Sie daher die Tipps zur Stimm-führung und Stimmmelodie, um Ihrer Reaktion einen stärkeren Nachdruck verleihen zu können.
Vermeiden Sie in den meisten Fällen eine monotone Stimmlage, denn diese wirkt gelangweilt und meist nicht energisch genug für einen schlagfertigen Kon-ter.

Sie nehmen sich selbst zu ernst

Ein Fragment der Schlagfertigkeit ist Humor und Selbstironie. Nutzen Sie lustige Konter und machen Sie sich über lächerliche Angriffe des Gegenübers lustig. (Dazu stelle ich Ihnen im späteren Verlauf des Buches einige passende Techniken vor.) Seien Sie nicht zu selbstkritisch, sondern arbeiten Sie mit Sar-kasmus und Ironie auch an Ihrer Person. Das Leben soll Spaß machen, Ihr verbaler Angreifer hat das nicht verstanden, Sie hingegen schon.

1.6 Passende Übungen zur Schlagfertigkeit

Nachdem Sie nun viel Theorie über die Kunst der Schlagfertigkeit gelesen haben, möchte ich nun mit Ihnen in die Praxis voranschreiten, denn was ist Schlagfertigkeit ohne Praxis.

Die folgenden fünf Übungen sollen Ihnen helfen eine selbstsichere Basis für verbale Konter zu schaffen. Um die Schlagfertigkeit wirklich effektiv zu trainieren, sollten Sie jeden Tag mindestens 30 Minuten in eine dieser Übungen investieren. Alle Übungen kräftigen unterschiedliche Aspekte Ihrer Schlagfertigkeit, weswegen Sie im Idealfall alle Übungen in einer Woche durchgehen sollten. Das gesamte Prozedere wiederholen Sie solange, bis Sie sich im Kontern von verbalen Attacken sicher fühlen.

Übung Nr. 1 – „3-Konter-Übung"

Diese ist die beste Übung für das Allrounder-Paket an Schlagfertigkeit. Dabei suchen Sie sich mindestens einen sehr guten Freund oder Bekannten, welcher Ihnen verbale Attacken an den Kopf wirft. Ihre Aufgabe dabei ist es, schnell und treffend zu antworten. Die Übung trägt den Namen der „3-Konter-Übung", da Sie nicht nur einen Konter verwenden, sondern pro verbaler Attacke mit drei verschiedenen Gegenargumenten agieren. Der erste Konter soll dabei sachlich, der zweite humorvoll und der dritte offensiv gewählt sein.

Beispiel:

„Sie sind so inkompetent. Sie sollten lernen, Ihr Projekt ordentlich zu planen. Andernfalls wird das Projekt ein Desaster."

Konter 1 (sachlich):

„Mit solch einer unpassenden und beleidigenden Aussage bringen Sie uns beide nicht weiter. Wir sollten lieber den Blick auf Lösungen richten …"

Konter 2 (humorvoll):

(Leichtes Lächeln in der Stimme) „Das habe ich mir von Ihnen abgeschaut."

Konter 3 (offensiv):

„Und Sie sollten lernen, einen höflichen Umgangston zu pflegen!"

Übung Nr. 2 – Reaktionsübung

Bei dieser Übung trainieren Sie, wie der Name bereits vermuten lässt, Ihre Reaktionsgeschwindigkeit. Hierzu benötigen Sie ein Buch, eine Zeitung, einen Aufsatz oder Ähnliches. Schlagen Sie beispielsweise das Buch auf und über das erste Stichwort, welches Ihnen unter die Augen tritt, müssen Sie eine Minute lang sinnvoll sprechen.

Beispiel:

Stichwort: Schlagfertigkeit

Schnelle Antwort: Schlagfertigkeit ist die Kunst, auf jeden verbalen Angriff einen passenden Konter parat zu haben. Sie vereint die Fähigkeiten, schnell, spontan, treffend und kreativ auf die verbale Attacke des Gegenübers einzugehen und manchmal sogar humorvoll abzuwenden …

Übung Nr. 3 – Schwachstellenanalyse

Um schlagfertig kontern zu können, ist eine genaue Analyse der eigenen Schwachstellen unabdingbar. Denn nur, wenn Sie Ihre Schwachstellen kennen, können Sie sich optimal auf diese vorbereiten und schlagfertig reagieren. Bei Ihnen wird sich jetzt vielleicht die Frage auftun, wie Sie denn Ihre konkreten Schwachstellen ausfindig machen können. Die Schwierigkeit besteht dabei darin, sich Ihre Schwächen selbst eingestehen zu können und vor allem ehrlich zu sich selbst zu sein.

Schreiben Sie sich bei dieser Übung all Ihre Schwächen (wunden Punkte) auf und finden Sie passende Konter auf potentielle verbale Attacken. Denken Sie explizit darüber nach, welche Sprüche und Sätze in der Vergangenheit sehr verletzend für Sie waren, das hilft Ihnen, schneller an Ihr Ziel zu kommen. Wenn Sie das nicht machen und keine ehrliche Haltung zu sich selbst einnehmen, werden Sie immer angreifbar bleiben.

Übung Nr. 4 – TV-Übung

Tagtäglich werden diverse TV-Debatten im Fernsehen ausgestrahlt. Ihre Aufgabe besteht darin, aktiv an einer Talkrunde im Fernsehen teilzunehmen. Natürlich können Sie auch auf Videos im Internet zurückgreifen. Gleichgültig, über welches Medium Sie diese Debatten konsumieren, Ihr Engagement ist gefragt. Debattieren Sie aktiv mit und überlegen Sie sich Konter, wenn eine verbale Attacke in der Talkrunde fällt.

Ihr Vorteil:

Sie können diese Übung zu jeder Zeit durchführen und sind selbst nicht betroffen. Sie können sich Konter genau überlegen, damit es Ihnen dann in der späteren Praxis deutlich einfacher fällt. Ein weiterer Vorteil ist, dass Sie sich über aktuelle Themen informieren und das Argumentieren zusätzlich üben.

Übung Nr. 5 – Frage-Übung

„Wer fragt, der führt." So lautet eines der bekanntesten Sprichwörter im Bereich der Kommunikation und Rhetorik, doch was steckt eigentlich dahinter? Das Fragen ist eine große Waffe, die jeder besitzt, doch nur die wenigsten wissen sie zu gebrauchen. Der Vorteil am Erfragen von Dingen liegt dabei auf der Hand. Wer viel fragt, der weiß auch viel. Wer hingegen nie Fragen stellt, wird zumindest immer ein Stückchen dümmer als der Fragende sein. In der Schule hatte mein ehemaliger Physiklehrer gesagt: „Es gibt keine dummen Fragen." Auch wenn ich das damals für Schwachsinn hielt, da einer meiner ehemaligen Klassenkameraden ständig vermeintlich sinnlose Fragen stellte, ist diese Aussage in meinen Augen wahr. Lernen Sie, mehr zu hinterfragen. Dazu können Sie eine ganz einfache Übung in Ihren Alltag integrieren. Jedes Mal, wenn Sie eine Sache lesen oder sehen, hinterfragen Sie ab sofort die genaue Bedeutung bzw. den genauen Zweck einer Sache. Dadurch lernen Sie Ihre Umwelt besser zu verstehen, was Ihnen auch im Thema Schlagfertigkeit zugutekommen wird.

1.7 Vorbereitungsliste von verbalen Attacken

Fehlende Vorbereitungsmöglichkeiten stellen ein großes Manko beim Thema Schlagfertigkeit dar. So scheint es zumindest. Dabei können Sie verbale Attacken meist schon erahnen, bevor sie tatsächlich in der Praxis auftreten. Ein Kollege auf Arbeit kann Sie beispielsweise überhaupt nicht leiden und teilt es Ihnen bereits unterschwellig mit. Die Wahrscheinlichkeit, dass diese Person bei passender Gelegenheit zu einem verbalen Schlag ausholt, ist dabei nicht besonders gering. Sie haben also die Möglichkeit, sich im Vorhinein potentielle Angriffe aufzuschreiben und passende Konter zu überlegen. Um Ihnen die Suche nach möglichen verbalen Attacken zu erleichtern, habe ich Ihnen eine Liste der häufigsten Sprüche zusammengestellt. Auf dieser Grundlage können Sie sich mithilfe des Kapitels 1.8 passende Konter heraussuchen bzw. mithilfe der 30 Techniken in diesem Buch vorbereitet in die „verbale Schlacht" gehen.

Verbale Angriffe aufgrund des Geschlechts

„Männer wollen doch eh nur das Eine."

„Oh je, Frauen und Technik! Das wird was!"

„Reißen Sie sich mal zusammen, ein Mann kennt keinen Schmerz."

„Für mich bist du kein Mann, sondern einfach nur ein Lappen."

„Wenn du jetzt nicht noch einen Shot mit mir trinkst, dann bist du in meinen Augen kein Mann!"

„Frauen und Einparken … So arbeiten sie auch."

„Du hast die gleiche Frisur wie meine Großmutter."

„Hast du heute deine Tage oder warum bist du so schlecht gelaunt?!"

„Sie können nur mit Ihrem tiefen Ausschnitt überzeugen."

„Typisch Frau!"

„Typisch Mann!"

„Bei Ihrer Oberweite werden Sie schnell mit einem Mann verwechselt."

Verbale Angriffe aufgrund des äußeren Erscheinungsbildes:

„Sie sind wirklich hässlich!"

„Diesen Lippenstift kenne ich nur vom Straßenstrich."

„Was ist denn mit dir passiert, warst du beim Hundefriseur oder doch bei deiner Mutter?"

„Warum haben Sie heute einen Müllsack an?"

„Du bist ja das perfekte Beispiel für X-Beine!"

„Du hast aber eine Riesen-Knollnase."

„Hast du mal über eine Haartransplantation nachgedacht?"

„Bist du eine Kuh oder warum hast du so große Augen?"

„Deine besten Zeiten hast du auch schon hinter dir."

„Haben Sie schonmal über weniger Essen nachgedacht?"

„Mehr Sport würde dir auch nicht schaden!"

„Sag mal, wäschst du dich auch?"

„Wie kann man einen so dermaßen schlechten Modegeschmack haben?"

„Sie haben einen richtigen Toastbrotschädel."

„Wurden Sie in Ihrer Kindheit öfter als Spitzkinn bezeichnet?"

„Wenn ich so klein wäre wie du, dann würde ich wohl genauso eine Nervensäge sein!"

„Wieso hast du denn schon wieder dasselbe an?"

Unangenehme Sätze

„Sie kommen ja ständig zu spät."

„Eine Diät wäre bei deinem Gewicht auch mal angebracht."

„Du siehst heute echt mitgenommen aus."

„Ist jemand gestorben oder warum guckst du so?"

„Bügeln ist nicht so deine Stärke."

„Hör auf zu reden. Dein Dialekt ist abstoßend."

„Eingebildet bist du auch noch ..."

„Dein IQ ist auch im unteren zweistelligen Bereich."

„Du trampelst wie ein Elefant."

„Ich habe dir das schon 1000-mal erklärt. Bist du dumm?"

„Du bist so ein Egoist. Alles dreht sich nur um dich."

„Wenn du läufst, könnte man denken, wir haben Enten im Büro."

„Denk mal über dein Verhalten nach."

„Du bist total inkompetent. Du machst unsere Projektidee kaputt."

„Du verhältst dich heute schon wieder unmöglich."

Beleidigungen

„Lerne erstmal schreiben. Du hast eine Sauklaue, das ist ja unmöglich!"

„Du lebst ja immer noch."

„Du widerst mich an."

„Hässlich und dumm, das kann ich ja leiden."

„Hast du mal über Suizid nachgedacht?"

„Wann willst du endlich mal kündigen."

„Also mit Ihrem Gewicht würde ich nicht in den Urlaub fliegen, da stürzt das Flugzeug doch ab."

„Dass du keine/n Freund/Freundin hast, wundert mich wirklich gar nicht."

„Lebst du hinterm Mond?"

„Du bist und bleibst ein großer Versager. Liegt wohl in der Familie."

„Du nimmst mit deinem Körpervolumen den gesamten Raum ein."

„Deine Meinung ist vollkommen egal."

„Morgen vielleicht, Dickerchen."

Verbale Attacken aufgrund Ihrer Qualifikation

„Wie, du hast nur eine Ausbildung gemacht?"

„Die Ausbildung hast du auch geschenkt bekommen."

„Deinen Studienabschluss gab es wo zu kaufen?"

„Von jemandem ohne Universitätsabschluss erwarte ich auch nichts anderes."

„Sitzenbleiber warst du ja auch schon in der Schule."

„Fürs Abitur hat es wohl nicht gereicht."

„Qualifikation für diesen Job fehlt dir in jeder Hinsicht."

„Dir fehlt vollkommen die Erfahrung."

Verbale Attacken, die Sie desavouieren

„Langeweile ist dein zweiter Name."

„Schlechter geht keine Präsentation."

„Weniger ‚Ähms' wären schon toll."

„Langweilig."

„So eine schwachsinnige Projektidee."

„Wenn Sie weiter so rum stottern, gehe ich aus diesem Raum."

„Kreativität und Ideenreichtum waren wirklich noch nie Ihre Stärke."

„Wir haben das schon immer genau so gemacht und es hat bestens funktioniert."

Verbale Attacken im Alltag

„Dein Bruder war disziplinierter als du."

„Nimm doch mal ab. So wie du aussiehst, will dich kein/e Mann/Frau."

„Wann heiratest du endlich?"

„Du bist so eine Quasselstrippe."

„Wann bist du so arrogant geworden."

„Mal ehrlich: Du hast doch ein Alkoholproblem."

„Du bist immer derjenige, der meckern muss."

„Du warst schon immer sehr abhängig von deinen Eltern."

Verbale Attacken im Berufsleben

„Ein sinnvoller Beitrag Ihrerseits wäre mal angebracht."

„Zu Ihren Ideen äußere ich mich erst gar nicht."

„Machen Sie nächste Woche schon wieder Urlaub? Ihnen ist klar, dass wir nicht im Zirkus sind."

„Früh in den Feierabend gehen, das ist Ihre Devise."

„Ihre Präsentation war unterste Schublade."

„Lernen Sie aus Ihren Fehlern auch?"

„Zeitmanagement ist nicht Ihre Stärke."

„Sie haben den Chef auch manipuliert."

1.8 Passende Konter für jede Situation

Im folgenden Abschnitt möchte ich Ihnen die sogenannten „Instant-Sätze" vorstellen. Diese Konter sind konzipiert, auf fast jede verbale Attacke zu passen. Wenn Sie zu den Menschen gehören, denen das Thema Schlagfertigkeit eher schwerfällt, ist die folgende Liste eine optimale Lösung, um nie wieder sprachlos zu sein. Sie können diese Konter dazu auswendig lernen und in Konfliktsituationen dann erfolgreich abrufen. So haben Sie vielleicht nicht den treffendsten Konter, der in Ihrer Situation möglich wäre, jedoch sind Sie nicht sprachlos und angewurzelt.

Instant-Sätze sind:

„Das ist wohl Ihre Meinung."

„Da sind Sie mit Ihrer Meinung allein …"

„Du hast ja die Weisheit mit dem Löffel gefressen."

„Kannst du auch so gut einstecken wie du austeilen kannst?"

„Wissen Sie, was eine Projektion ist? Ich helfe Ihnen: Projektion bedeutet, eigene Schwachstellen auf anderen zu übertragen."

„Schließen Sie nicht von sich auf andere Personen!"

„Ihr Wort in Gottes Ohr."

„Wenn du dich dadurch besser fühlst, stimme ich dir gerne zu."

„Sehr gut beobachtet. Schuldig im Sinne der Anklage."

„Ach was."

„Lieber (a) ... als (b) ..."

„Ich passe mich nur meiner Umgebung an."

„Schön für dich."

„Sie sind eben mein Vorbild."

„Wenn es Ihnen jetzt besser geht."

„Wenn Sie das sagen, wird das wohl stimmen."

„Ich war vier, als ich diesen Blödsinn das letzte Mal gehört habe. Mein Gegenüber übrigens auch."

„Es enttäuscht mich. Sie legen offensichtlich nur auf Äußerlichkeiten Wert ..."

„Darüber rede ich nur mit meinem Anwalt."

„Ich habe das leider nicht verstanden. Was wollten Sie damit sagen?"

„Daran werden Sie sich gewöhnen müssen."

„Das fällt Ihnen aber früh ein."

„Sie sprechen hörbar, aber nicht verstehbar.“

„Das ist allein Ihr Problem.“

„Aha ... und morgen kommt bei Ihnen wohl der Weihnachtsmann.“

„Gratulation, Herr/Frau XY, für Ihren unpassenden Kommentar.“

„Ihre Phrasen sind alt – wie wär's mit neuen Inhalten?“

„Normal?! – Habe ich etwas verpasst oder bestimmen Sie jetzt die Norm?“

„Ich finde das ganz toll von dir, dass du dich so um mich sorgst.“

„Aus Ihrem Mund klingt das irgendwie kleinkariert.“

„Alles klar, Herr/Frau XY, Sie wissen ja Morgenstund hat Gold im Mund.“

„Herr/Frau XY, sind Sie der Meinung, dass Ihre Bemerkung für die Sache förderlich ist?“

„Was haben Sie zu bemängeln? Eine genaue Erläuterung würde uns sehr weiterhelfen.“

„Hoffentlich ist es Ihnen recht, wenn ich einen höflichen Ton anstrebe.“

„Sie sind offensichtlich falsch informiert.“

„Wie müsste es denn Ihrer Meinung nach aussehen?"

„Haben Sie sich diesen Spruch gestern ausgedacht? Er wirkte so einstudiert."

„Ich nehme mir lediglich ein Vorbild an Ihnen und Ihrer Arbeit."

„Und sonst geht es Ihnen soweit ganz gut?"

Wenn Sie die „Instant-Sätze" einmal genauer betrachten, fällt Ihnen auf, dass diese vor allem zwei Eigenschaften besitzen.

In der Kürze liegt die Würze (kurz und prägnant):

Ein Instant-Satz zeichnet sich hauptsächlich in der Kürze des Konters aus. Nur wenn Ihr Konter schnell und unkompliziert beim Gegenüber einschlägt, ist er wirklich wirksam.

Universell einsetzbar:

Instant-Sätze haben den Vorteil, in fast jeder Situation nutzbar zu sein. Natürlich haben Sie dann nicht den Non-Plus-Ultra-Konter parat, (diese werde ich Ihnen mit den 30 Schlagfertigkeitstechniken noch zeigen) aber Sie können immer erfolgreich entgegnen. Deswegen lohnt es sich in jedem Fall, einige Instant-Sätze auswendig zu lernen, um im größten Notfall gewappnet zu sein.

Wichtig:

Vermeiden Sie einen zu häufigen Gebrauch und konzentrieren Sie sich auf die Schlagfertigkeitstechniken. Diese sind zum einen viel treffender und steigern die Effektivität Ihres Konters, zum anderen kann ein zu häufiger Gebrauch der Instant-Sätze Ihre Schlagfertigkeit schwächen.

1.9 Die Meistertechnik und mein Top-Tipp

Bevor ich Ihnen die 30 Schlagfertigkeitstechniken an die Hand gebe, möchte ich Ihnen noch einen großen Tipp zum Thema Schlagfertigkeit offenlegen.

„Wissen ist Macht!"

Auch wenn ich der Meinung bin, dass nur Wissen allein nicht ausreicht, sondern die Anwendung des Wissens erst zu einem starken Effekt führt, hat dieses Sprichwort eine bedeutsame Aussage. Wenn Sie viel wissen, dann sind Sie mächtig und das auch in der Schlagfertigkeit. Wenn Sie Ihren Gegner genau kennen, wissen, wo seine Schwachpunkte zu finden sind, dann haben Sie gute Karten, erfolgreich zu kontern. Auch das Wissen über Konter, die in der Vergangenheit gut funktioniert haben, ist absolut Gold wert.

Aber auch ein umfassendes Allgemeinwissen trägt zu einer verbesserten Schlagfertigkeit bei. So können Sie humorvolle Anekdoten und historische Zitate an den richtigen Stellen einsetzen oder Ihr Gegenüber mit einem alten Sprichwort aus der Bahn werfen. Gleichgültig, was Sie machen, Wissen bringt Sie in jeder Hinsicht in eine dominante Rolle.

Die Meistertechnik

Normalerweise lautet ein Sprichwort „Das Beste kommt immer zum Schluss." Aber wieso sollte ich Sie bis zum Ende des Buches warten lassen, wenn ich Ihnen gleich zu Beginn meine Lieblingstechnik zeigen kann. Der Vorteil dieser Technik liegt darin, dass Sie sie in nahezu jeder Situation nutzen können und sie zudem einfach von den Lippen geht, da die Technik immer demselben Schema folgt.
Ich nenne sie „Meistertechnik", da sie allumfassenden Schutz vor verbalen Angriffen bietet.

Bei dieser Technik nehmen Sie einen negativen Punkt der Gegenseite auf, definieren diesen Punkt auf einer positiven Ebene und geben der Person zum Schluss recht.

Das Grundkonstrukt sieht dabei wie folgt aus:

„Wenn XY bedeutet, dass …, dann haben Sie recht!"

Im Folgenden ein kleines Beispiel dafür:

„Herr/Frau XY, Sie sind so arrogant!"

„Wenn Arroganz für Sie bedeutet, dass ich selbstbewusst und selbstsicher mit Ihnen spreche, dann haben Sie recht."

Der Vorteil dieser Technik liegt dabei auf der Hand. Sie müssen theoretisch nur das oben genannte Grundkonstrukt auswendig lernen und haben immer eine passende Antwort auf eine verbale Attacke parat. Einfach grandios! Probieren Sie diese Technik gerne an den verbalen Attacken im Kapitel 1.7 aus. Sie werden erstaunt sein, wie schlagfertig Sie kontern können.

Die 30 besten Schlagfertigkeitstechniken

Für Anfänger, Fortgeschrittene und Profis

„Wer gute Arbeit leisten will, schärfe zuerst
das Werkzeug."
- Unbekannt -

10 TECHNIKEN FÜR ANFÄNGER

Die Rückfragetechnik

In der Rhetorik und Kommunikation gibt es eine Grundregel, die wie folgt lautet: „Wer fragt, der führt!" Diese Regel ist eine der bekanntesten und einfachsten Regeln der Kommunikation, da sie sehr schnell erlernt und sich dauerhaft gemerkt werden kann. Unterbewusst wenden Sie diese bereits häufig in Ihrem Sprachgebrauch an. Das Ziel ist, dass Sie in einer Konversation die Führung behalten. Das erreichen Sie, indem Sie Ihrem Gesprächspartner Fragen und Rückfragen stellen. Somit fällt es Ihrem Gegenüber schwer, Ihnen Vorwürfe zu unterbreiten.

Wie funktioniert das nun aber im Detail?
Zuerst müssen Sie nachfragen, um sich zu informieren. Oftmals gerät Ihr Angreifer dadurch bereits unter Druck, weil er nicht mit dieser Frage gerechnet hat. Ein weiterer Vorteil der Technik zeigt sich darin, dass sich Ihre Rückfrage nicht so leicht beantworten lässt, wodurch Sie Zeit gewinnen und gleichzeitig die Aussage Ihres Gesprächspartners besser analysieren können.

Durch die Rückfragetechnik gewinnen Sie Zeit, um über einen effektiveren Konter nachdenken zu können. Zusätzlich ist diese Technik einfach in der Anwendung, da Sie sich Fragen im Vorfeld überlegen können, welche Sie im Notfall immer parat haben.

Im Folgenden möchte ich Ihnen einige Beispiele für die Anwendung dieser Technik zeigen.

Im Arbeitsleben kann es beispielsweise zu folgender Situation kommen:

Sie sitzen in Ihrem Arbeitszimmer und plötzlich betritt Ihr Chef den Raum, ohne anzuklopfen. Dabei ist er dafür bekannt, seine schlechte Laune an Ihnen und Ihren Kollegen auszulassen. Nun sucht Ihr Chef in dieser Situation nach Fehlern, die Sie in der Vergangenheit angeblich begangen haben sollen, um Sie in ein negatives Licht zu rücken.

A: „Sie wissen schon, dass Sie diese Regeln auf der Arbeit befolgen müssen!"

Da Sie in dieser Situation zum einen nicht wissen, um welche Regeln es sich handelt und Ihr Chef zudem eine Autoritätsperson darstellt, sollten Sie in diesem Fall mit der Rückfragetechnik agieren. Sie nutzen dabei den Vorteil, dass die Rückfragetechnik nicht zu frech oder zu hart ist, was bei Ihrem Chef unangebracht wäre, und zum anderen gewinnen Sie Zeit sowie neue Informationen, um eine strukturierte Argumentation aufbauen zu können. Schauen Sie bei dieser Technik die Person mit einem fragenden Gesichtsausdruck an. Ihre Antwort könnte wie folgt lauten:

B: „Wie soll ich Ihre Aussage verstehen?"
   „Welche Regeln sind hier gemeint?"

Folgendes Szenario aus dem Berufsalltag ist Ihnen sicherlich auch schon einmal unterlaufen:

Bei Ihnen zuhause kam es aus gewissen Gründen zu Stress und Sie fuhren deshalb zu spät zur Arbeit. Unglücklicherweise haben Sie um 8 Uhr einen dringenden Termin zur Besprechung des neuen Projektes. Als Sie ankommen, betreten Sie als Projektleiter den Konferenzraum, in welchem Ihre Kollegen bereits wartend sitzen. Herr Müller, der vor Neid glüht, da ausgerechnet Sie Projektleiter geworden sind, freut sich über die Möglichkeit, Ihnen zu schaden und Sie vor Ihren Kollegen bloßzustellen.

Herr Müller: „Ach Herr Maier, Sie sollten pünktlicher zu Ihren Terminen erscheinen! Jetzt, wo Sie Projektleiter sind."

Auch in diesem Fall ist der Gebrauch der Rückfragetechnik eine gute Wahl. Denken Sie daran, dass Sie mit Ihren Kollegen das gesamte Projekt bearbeiten müssen und Ihnen eine negative Arbeitsatmosphäre nur schaden würde.

Herr Maier (Sie): „Herr Müller, wie darf ich diese Aussage verstehen?"

Weitere Beispiele aus dem Berufsalltag:

A: „Frühstücken können Sie gerne zu Hause!"
B: „Wie soll ich Ihren Kommentar auffassen?"

A: „Sind Sie immer so schusselig?"
B: „Wieso stellen Sie diese Behauptung auf?"

A: „Ihre Arbeit ist ja eine Katastrophe!"
B: „Wie definieren Sie überhaupt diese Äußerung?"

Im Privatleben kann Ihnen beispielsweise Folgendes passieren:

Sie gehen auf eine kleine Hausparty unter Freunden. Dabei begegnen Sie einem Unbekannten, der Ihnen zu verstehen gibt, dass er Sie nicht mag. Als Sie mit Ihren beiden Freunden auf ihn zu gehen, sagt diese Person:

A: „Na … Sag mal, stinkst du immer so?"

Diese unpassende Bemerkung können Sie mit einer einfachen Rückfrage kontern. In diesem Fall könnten Sie auch Gebrauch von einer härteren Schlagfertigkeitstechnik machen, jedoch ist die Rückfrage eine der friedvollsten Techniken.

Beziehen Sie sich bei der Rückfragetechnik entweder auf die verbale Attacke oder stellen Sie eine unpassende Rückfrage, die das Gegenüber verwirren könnte.

B: „Interessante Ansicht, die du da hast. Was bedeutet für dich ‚stinken'?"

Oder

B: „Trägst du immer blaue Ohrringe?"

Eine weitere Auswahl an Beispielen im Privatleben finden Sie hier:

A: „Du kannst doch nicht so herablassend mit deiner Freundin reden!"
B: „Was bedeutet für dich ‚herablassend' und in welcher Situation verhalte ich mich so?"

A: „Du hast doch schon wieder die gleiche Hose an!"

B: „Wie soll ich deine Aussage verstehen, magst du meine Hosen nicht?"

A: „Seit wann hast du so eine hässliche Kleidung?"
B: „Bringt uns deine Aussage in diesem Gespräch weiter?"

A: „Wieso bist du so ein hinterlistiger Lügner?"
B: „Ist deine Behauptung ein gut gemeinter Witz, über den wir lachen sollen?"

Auch in der Schule können Sie diese Technik der Schlagfertigkeit wunderbar nutzen. Durch die Hierarchie Lehrer-Schüler sollten Sie unbedingt auf den Umgangston achten. Mit der Rückfragetechnik und der passenden Körpersprache stellen Sie nur legitime Fragen. Beispiele aus dem Schulalltag könnten wie folgt aussehen.

A: „Deine Schulpräsentation war ungenau und langweilig gestaltet."
B: „Was verstehen Sie unter ‚langweilig' und ‚ungenau'?"

A: „Deine Handschrift ist unmöglich!"
B: „Wie definieren Sie überhaupt diese Äußerung?"

A: „Du wirst niemals diesen Test bestehen!"
B: „Wieso stellen Sie diese Behauptung auf?"

A: „Vor den Ferien hattet ihr noch etwas im Kopf!"
B: „Könnten Sie mir bitte den Sinn hinter dieser Behauptung erklären?"

A: „Mal ehrlich, wieso bist du noch auf dieser Schule?"

B: „Was willst du mir damit sagen?"

Hier muss beachtet werden, dass die einzelnen Fragestellungen variieren können. Ihre Rückfrage sollte dabei passend zum verbalen Angriff konzipiert sein. Falls Sie rhetorisch fortgeschritten sind, können Sie die Fragen in folgende sieben Bereiche einordnen:

Kompetenz
„Können Sie wirklich über diese Situationen urteilen?"

Inhalt
„Bringt uns Ihre Aussage in diesem Gespräch weiter?"

Verständnis
„Können Sie mir bitte den Sinn hinter dieser Behauptung erklären?"

Definition
„Wie definieren Sie überhaupt diese Äußerung?"

Ursachen-Erläuterung
„Wieso stellen Sie diese Behauptung auf?"

Zurückstellung
„Sie wird es nicht stören, wenn ich später auf Ihre Äußerung antworte und wir uns auf das Hauptthema fokussieren?"

Humor
„Ist Ihre Behauptung ein gut gemeinter Witz, über
den wir lachen sollen?"

Die Umkehrtechnik

Möchten Sie jemand das Wort im Munde verdrehen?
Dann ist diese Technik perfekt für Sie geeignet. Jedoch weist die Umkehrtechnik auch erhebliche
Nachteile auf. Ein klarer Vorteil ist, dass Ihr Gegenüber so schnell keine Antwort finden wird. Somit wird
er in die Ecke gedrängt und schachmatt gesetzt. Allerdings sollten Sie dabei beachten, dass Sie sich
durch radikale und spritzige Antworten schnell Fein-
de schaffen könnten. Diese Art von Konter kann und
wird für manche Personen unangenehm sein, weshalb Sie diese Technik nur mit Vorsicht gebrauchen
sollten.

Falls Sie sich schon etwas ausführlicher mit der
Rhetorik beschäftigt haben, werden Sie bereits von
Winston Churchill (ehemaliger Premierminister von
Großbritannien) gehört haben, denn diese Persön-
lichkeit war bekannt für ihre schnellen und gefährli-
chen Konter.

Allgemein beruht diese Taktik darauf, dass bestimm-
te Begriffe des Gesagten durch ihr jeweiliges Gegenteil ersetzt und somit die Erwartungen des Gegenübers geschlagen werden.

Die Umkehrtechnik gehört in meinen Augen ebenfalls zu den leichteren Schlagfertigkeitstechniken, da
Sie den Anfang des Konters aus der verbalen Atta-

cke entnehmen können. Somit müssen Sie lediglich genau zuhören und den Satzanfang kopieren.

Verbale Attacke:
„Sie sollten lernen, schneller zu schreiben!"

Konter:
„Und Sie sollten lernen, höflicher zu sein!"

Das berühmte Beispiel der Abendgesellschaft:

Lady Nancy Astor: „Wenn Sie mein Mann wären, würde ich Ihnen Gift in den Kaffee schütten! "

Winston Churchill: „Und wenn Sie meine Frau wären, würde ich diesen Kaffee austrinken."

Ein absolutes Bilderbuchbeispiel, welches Sie nur selten in der Praxis finden werden.
Im Folgenden finden Sie einige typische Beispiele aus verschiedenen Lebensbereichen.

Einige Klassiker aus dem Arbeitsleben:

A: „Ich gebe Ihnen eine Woche Zeit, um die verdammten Projekte zu beenden."
B: „Ich gebe Ihnen eine Woche Zeit, dass Sie lernen, höflich zu sein."

A: „Oh man, sind Sie wirklich so zurückgeblieben und läppisch?"
B: „Oh man, sind Sie wirklich so eine Meckertante?"

A: „Wenn Sie mein Verkäufer wären, würde ich nichts kaufen."
B: „Wenn Sie meine Chefin wären, würde ich kündigen."

A: „Sie sind nicht mal teamfähig!"
B: „Und Sie sind nicht mal arbeitsfähig!"

Situationen, wie sie im Privatleben auftreten können:

A: „Wenn du so viel Sport treibst, solltest du nicht noch auf deine Ernährung achten!"
B: „Wenn du auf deine Ernährung achten würdest, solltest du nicht mehr übergewichtig sein."

A: „Du hast deinen Job gekündigt. War dein Job für dich zu anspruchsvoll?"
B: „Du hast keine Arbeit. Ist Arbeiten für dich zu anspruchsvoll?"

A: „Hast du deine Klamotten aus der Mülltonne?"
B: „Hast du deine Intelligenz aus der Mülltonne?"

Während der Schulzeit oder der Ausbildung kommt es eher zu folgenden Dialogen:

A: „Du hast bestimmt keine Hobbys, so viel wie du lernst."
B: „Anscheinend hast du keine Hobbys, so viel wie du sinnlose Kommentare abgibst."

A: „Wenn ich deine Lehrerin wäre, hättest du Probleme."
B: „Wenn Sie meine Lehrerin wären, würde ich die Schule wechseln."

Die Umkehrtechnik wirkt meist sehr hart beim Gegenüber und ist der Inbegriff von Schlagfertigkeit bzw. eines verbalen Gegenschlags. Wie oben bereits beschrieben, sollten Sie diese Technik eher nicht bei Ihrem Chef, Lehrer oder Vorgesetzten anwenden.

Die Komplimenttechnik

Möchten Sie Ihren Gesprächspartner nicht zu stark verbal entgegnen? Mit dieser Technik sorgen Sie dafür, dass Ihr Gegenüber aus allen Wolken fällt, aber sich keinesfalls angegriffen fühlt. Denn die meisten Personen erwarten auf einen verbalen Angriff eine ebenfalls konfrontierende Attacke und eben keine Komplimente oder Schmeicheleien.

Allgemein wird das Thema Schlagfertigkeit mit Auseinandersetzungen in Verbindung gebracht. Jedoch ist das eine Schubladen-Denkweise, die nicht ganz korrekt ist. Aus diesem Grund mag ich die Komplimenttechnik, da nur wenige mit solch einer Erwiderung rechnen. Ein großer Pluspunkt ist, dass jeder ohne Überwindung die Komplimenttechnik erlernen kann, da die Antworten nicht verletzend formuliert werden. Trotzdem haben die Konter einen spritzigen Abtritt.

Des Weiteren zeigen Sie vollsten Respekt, indem Sie Ihrem Gesprächspartner weismachen, dass er ansonsten qualifizierte Aussagen von sich gibt. Daher ist es eine perfekt verpackte Kritik.

Denn Sie dürfen nie vergessen, dass jede Person Komplimente wärmstens aufnimmt. Infolgedessen können Sie nach diesem Gespräch von Ihrem Gesagten profitieren. Nichtsdestotrotz sollten Komplimente von Herzen kommen, da Ehrlichkeit am längsten währt. Gleichwohl sollte es klar sein, dass oberflächliche Komplimente nicht der Rede wert sind.

Im Arbeitsleben kommt es oft zu folgender Situation:

Im Teammeeting stellen Sie Ihre neue Projektidee vor. Dabei bemerken Sie die Unaufmerksamkeit eines Kollegen, der Sie mit ständigen Geräuschen versucht, zu unterbrechen. Nach zwei weiteren Minuten tönt dann folgender Satz aus seinem Mund:

A: „Sie sind heute wieder absolut inkompetent und langweilig."

Mit der Komplimenttechnik haben Sie die Möglichkeit, auf eine ironische Art und Weise die Dummheit dieser Bemerkung zu zeigen:

B: „Ach Herr A, vielen Dank für Ihren Einwand. Wirklich klasse, wie toll Sie an unserer Lösung arbeiten. Das hätte ich Ihnen gar nicht zugetraut. Können Sie dies noch einmal wiederholen?"

Nutzen Sie bei einer ironischen Ausführung dieser Technik unbedingt die Körpersprache und Stimmmelodie.
Sie können die Komplimenttechnik aber auch ohne Ironie nutzen. Hierzu gebe ich Ihnen folgende Beispiele:

A: „Ihre Arbeit war ein reinster Misthaufen."
B: „Lieber Chef, von Ihnen hätte ich mehr Anstand und konstruktive Kritik erwartet."

A: „Sie könnten auch mal Überstunden machen."
B: „Sie geben sonst immer konstruktive Kritik. Von Ihnen habe ich mir mehr Rücksicht erwartet."

A: „Das ist der größte Quatsch, den ich je gehört habe."
B: „Ich danke Ihnen für Ihre Offenheit. Das ist super, dass Sie so kritisch sind."

Im Privatleben kommt es dagegen eher zu solchen Situationen:

A: „Wie kannst du es wagen, mit ihr noch in Kontakt zu stehen?"
B: „Wie wäre es, wenn du mit Gelassenheit vorgehst, sodass wir in einem normalen Ton miteinander reden können? In anderen Fällen machst du das auch immer wunderbar."

A: „Dümmer als du kann man nicht sein."
B: „Vielen Dank, dass du meine Intelligenz so genau analysierst."

Im Schulleben oder der Ausbildung erleben Sie möglicherweise Folgendes:

A: „Sei nicht so ein faules Ei und streng dich gefälligst an."
B: „Danke, dass Sie mich so motivieren."

A: „Deine Noten sind echt schlecht!"
B: „Vielen Dank für Ihre Ausführung. Ich dachte schon, ich wäre mit dieser Annahme allein."

A: „Deine Ausarbeitung ist ein reiner Saustall."
B: „Danke für Ihre ehrliche Meinung, aber über eine konstruktive Kritik hätte ich mich mehr gefreut."

Beachten Sie auch hier wieder Ihre Körpersprache. Falscher Sarkasmus in Ihrer Stimme oder in Ihrem Gesicht machen diese Technik unbrauchbar. Achten Sie auf einen neutralen, leicht enttäuschten Gesichtsausdruck. Ihre Stimme kann einen monotonen Touch bekommen.

Besser-als-Technik

Mit dieser Schlagfertigkeitstechnik sorgen Sie dafür, dass der Vorwurf klein und unwichtig erscheint. Der Trick ist, dass das Problem oder der Fehler mit einem viel gravierenderen Problem verglichen wird. Somit lenken Sie die Aufmerksamkeit Ihres Gegenübers vom eigentlichen Angriffspunkt ab und hin zu etwas negativ Behafteterem. Ebenfalls entwaffnen Sie Ihren Gesprächspartner, da ihm aufgezeigt wird, dass es weitaus schlimmere Probleme oder Alternativen gibt. Somit wird dem Angreifer eine neue Perspektive veranschaulicht, die nicht die vorherigen Aussagen verneint. Nach dem Motto: „Sie liegen mit Ihrer Kritik nicht falsch, aber was sind diese kleinen Fehler im Gegensatz zu diesen fatalen Fehlern."

Außerdem ist diese Strategie besonders vorteilhaft, falls Ihr Angreifer keinen Vorschlag oder keine Idee einbringt, denn unsachliche und nicht lösungsorientierte Kritiker sind nie gerne gesehen. Hier sollte man die Situation beachten, denn nicht in jedem Lebensbereich gibt es so gute Voraussetzungen.

Auch diese Technik möchte ich Ihnen an folgenden Beispielen verdeutlichen.

Im Arbeitsleben erleben Sie oft Folgendes:

A: „Warum machst du nächste Woche schon wieder Urlaub?"
B: „Lieber tanke ich Kraft, um fehlerlos und konzentriert meinen Job zu machen, als dass ich vor Erschöpfung unnötige und schwachsinnige Fehler begehe."

A: „Sie sind zu übergenau!"
B: „Lieber bin ich übergenau, als dass mir fahrlässige Fehler passieren."

A: „Sie müssen länger auf der Arbeit bleiben, um eine Gehaltserhöhung zu bekommen!"
B: „Es ist besser, Zeit mit seiner Familie zu verbringen, als den gesamten Tag zu arbeiten."

Im Privatleben kommt es eher zu folgenden Situationen:

A: „Dein Auto sieht ganz schön alt aus."
B: „Lieber spar ich das Geld, als mir auf Kredit ein neues Auto zu kaufen."

A: „Du könntest ruhig mehr reden."
B: „Ich höre lieber aufmerksam zu, als dass ich rede. So kann ich etwas aus dem Gespräch lernen."

A: „Kauf dir mal teure Kleidung."
B: „Ich investiere lieber mein Geld, als dass ich es sinnlos aus dem Fenster werfe."

Auch im Schulleben ist diese Strategie anwendbar:

A: „Deine Präsentation war ziemlich kurz gewesen."
B: „Lieber ist meine Präsentation kurz und prägnant als künstlich in die Länge gezogen."

A: „Du solltest mehr Zeit investieren, um für die Kunst-Klassenarbeit zu lernen."
B: „Meine Zeit investiere ich lieber in die Hauptfächer Deutsch und Mathe, als mich mit einem vergleichsweise eher unwichtigen Fach zu beschäftigen."

Die Übersetzungstechnik

Für den Alltag ist die Übersetzungstechnik eine meiner Lieblingstechniken, da sie in allen Lebenssituationen anwendbar ist. Der Trick ist, dass der Vorwurf des Angreifers akzeptiert wird, aber Sie die klare Kante zeigen. Sie „übersetzen" sozusagen die Vorwürfe Ihres Angreifers in einer positiven Art und Weise, die vom Angreifer nicht vorgesehen war. Ein klarer Vorteil ist, dass die Konfrontation Ihres Gegenübers ins Positive modelliert wird, somit entschärfen Sie seine Aussagen zu 100 %. Aus diesem

Grund können Sie frei entscheiden, was Sie als Nächstes sagen. Jedoch sind nicht alle Gesprächspartner offen, um Ihre Meinung zu akzeptieren, aber das sollte Ihnen in diesem Moment egal sein.

Zur besseren Verdeutlichung der Strategie möchte ich Ihnen einige Beispiele vorstellen.

Im Arbeitsleben ist diese Taktik in folgender Situation anwendbar:

Ein Kollege ist neidisch auf Sie, da ausgerechnet Sie befördert worden sind. Um seinen Unmut zu äußern, sagt diese Person Folgendes:

A: „Sie arbeiten auch als Marionette des Chefs, oder?"

Ihre Aufgabe besteht nun darin, den Inhalt dieser verbalen Attacke in einen positiven Aspekt zu übersetzen.

B: „Da haben Sie recht. Es ist viel Fingerspitzengefühl notwendig, um mich zu führen."

Weitere Beispiele im Arbeitsleben könnten wie folgt aussehen:

A: „Sie kommen immer in der letzten Minute auf Arbeit."
B: „Richtig! Mir ist Pünktlichkeit sehr wichtig."

A: „Für mich sind Sie zu penibel."
B: „Da bin ich absolut Ihrer Meinung, denn ich bearbeite meine Projekte stets fehlerfrei."

A: „Ihre Textarbeit dauert immer ewig."
B: „Ja, Genauigkeit braucht Zeit. Da gebe ich Ihnen vollkommen recht."

Im Privatleben sieht die Anwendung beispielsweise so aus:

A: „Du bist ein Feigling!"
B: „Du meinst damit sicherlich, dass ich mich bloß von blödsinnigen Sachen fernhalte."

A: „Du bist doch nur aus gewissen Gründen mit Klara zusammen."
B: „Absolut. Ich möchte Sie, sobald es geht, heiraten und mit ihr eine Familie gründen."

Im Schulleben findet die Technik bei folgenden Gelegenheiten Anwendung:

A: „Du bist total unaufmerksam im Unterricht und schläfst fast ein."
B: „Das haben Sie gut beobachtet. Die Aufgaben sind so leicht, dass ich sie besser im Schlaf lösen kann."

A: „Du solltest deine Arbeit in Mathe verbessern."
B: „Das stimmt. Textaufgaben waren noch nie meine Stärke. Ich fühle mich bei Zahlen wohler."

Die Bumerangtechnik

Das ist eine einfache und bekannte Praktik, die bei Verkäufern sehr beliebt ist. Wie führen Sie nun die

Bumerangtechnik aus? Ganz einfach: Sie „werfen" die Konfrontation zurück und fügen bestenfalls ein logisches Argument hinzu. Also wird Ihr Angreifer mit seinen eigenen Waffen geschlagen. Damit lassen Sie erst gar nicht diese Äußerung an sich heran und Ihr Gegenüber muss überlegen, was er darauf noch antworten soll. Jedoch müssen Sie selbst testen, ob diese Technik mit oder ohne Argumente besser ankommt, da es Personen gibt, die selbst über Ihr Gesagtes reflektieren, sich dabei ihre eigene Meinung bilden und Ihnen Kontra geben.

Die Formulierungen fangen so an:

„Gerade deshalb …"

„Gerade weil …"

„Genau aus diesem Grund …"

„Genau das ist ein Grund …"

Im Folgenden finden Sie einige Beispiele, die die Strategie weiter verdeutlichen.

Im Arbeitsleben kommt es des Öfteren zu solchen Gesprächen:

A: „Ihre Dienstleistung ist sehr teuer."
B: „Gerade weil unsere Dienstleistung so teuer ist, werden unsere Aufgaben exzellent erledigt. Darf ich Ihnen unsere Dienstleistung vorstellen, sodass Sie sich ein eigenes Bild davon machen können?"

A: „Sie könnten mal schneller Ihre Aufgaben abarbeiten!"
B: „Gerade weil ich meine Aufgaben in diesem Tempo bearbeite, sind nie Fehler zu erkennen."

A: „Sie sollten chronologisch arbeiten!"
B: „Ich teile mir meine Zeit leistungsorientiert ein und arbeite so am effektivsten. Genau deshalb werde ich an meiner Arbeitsweise nichts verändern."

A: „Seien Sie etwas netter!"
B: „Gerade weil ich nicht der Netteste bin, haben alle Leute einen gewissen Respekt vor mir."

Im Privatleben sieht die Methode dagegen eher so aus:

A: „Du bist viel zu lange auf der Arbeit!"
B: „Genau das ist der Grund, weshalb wir beide genug Geld haben, um in den Urlaub fahren zu können."

Im Schulleben kommt es wiederum eher zu solchen Dialogen:

A: „Du brauchst unheimlich lange für das Abschreiben des Textes!"
B: „Genau aus diesem Grund können Sie meine Schrift ohne Probleme lesen."

A: „Du machst noch viel zu viele Fehler!"
B: „Gerade daraus kann ich mir viel aneignen, denn aus Fehlern lernt man am besten."

Die Humortechnik

Ein erwiesener Fakt ist, dass Humor Blockaden löst und zusätzlich Glücksgefühle hervorruft, aber das war noch nicht alles!

In der Kommunikation bewirkt Humor Wunder. Das sieht man vor allem bei erfolgreichen Talkshows, die meist nur durch Humor zu dem werden, was sie heute sind.

Wie funktioniert die Humortechnik?

Zunächst sollten Sie genug Mut und Selbstbewusstsein haben, um eine lockere humorvolle Antwort hervorzubringen. Falls die Situation ins Lächerliche gezogen werden soll, muss das Szenario so unglaubwürdig erscheinen, dass es schon lustig wirkt. Demzufolge ist es eine sinnvolle Praktik, wenn Sie ein paar schlagfertige Witze in Ihre Konversationen einbauen, denn das senkt die Anspannung im Gespräch. Das Gute ist, dass man bei jedem Ereignis übertreiben kann.

Zusätzlich sollten Sie die Macht der Körpersprache nutzen und Ihren Redestil dementsprechend anpassen, um die Situation noch besser gestalten zu können. Auch die Stimme kann durch einen ironischen Unterton wahre Wunder bewirken.

Bei folgenden Angaben kann man übertreiben:

- bei Gewichten/Größen

- bei Problemen/Herausforderungen

- bei Eigenschaften/Verhaltensweisen

Auch hier einige Beispiele, die die Verwendung dieser Strategie zusätzlich erläutern.

Im Arbeitsleben bekommen Sie es meist mit folgenden Vorwürfen zu tun:

A: „Warum kommst du so spät zur Arbeit?"
B: „Wenn ich zu früh aufstehe, bekomme ich Falten."

A: „Wie können Sie bereits jetzt müde sein?"
B: „Sind 20 Stunden Schlaf etwa nicht normal?"

A: „Sie wissen auch nicht mehr, wie viel Kaffee Sie trinken!"
B: „Ich habe schon vor Jahren aufgehört zu zählen. Ich trinke es nur noch literweise."

Im Privatleben sehen Sie sich dagegen eher folgenden Anschuldigungen ausgesetzt:

A: „Kannst du nicht etwas netter zu mir sein?"
B: „Mir sind Zirkusvorführungen zu anstrengend."

A: „Du rauchst extrem viel."
B: „Ich bin schließlich ein Räuchermännlein."

A: „Du könntest auch mal ein paar Runden joggen gehen."
B: „Faultiere, wie ich, mögen solche Marathons nicht."

A: „Du trinkst viel zu viel Alkohol"
B: „Ich will ja auch mit dir besser klarkommen. "

Im Schulleben kommt es eher zu solchen Unterstellungen:

A: „Wieso kannst du deine Sachen nicht ordentlich einpacken?"
B: „Ich habe meinen Job als Reinigungskraft letzte Woche gekündigt. "

A: „Kunst ist wohl nicht dein bestes Fach?"
B: „Meine Leonardo da Vinci-Kunstwerke male ich nur zu Hause. "

A: „Wie jetzt? Bist du jetzt schon fertig?"
B: „Ja, Usain Bolt ist seit neustem mein Bruder. "

Die Definitionstechnik

Die Definitionstechnik weist Grundzüge der Rückfragetechnik auf. Zunächst wird eine Rückfrage gestellt, die den Angriff definieren soll. Das Tolle an der Definitionstechnik ist, dass Ihr Gegenüber verwirrt wird, da nur wenige Leute oberflächliche Begriffe definieren können. Könnten Sie zum Beispiel innerhalb von ein paar Sekunden „Erfolg", „Leben" und „Tod" definieren? Bestimmt nicht! Dadurch verschafft Ihnen solch eine Strategie meist recht viel Zeit.

In diesem Intervall können Sie sich für den nächsten Angriff Ihres Gegenübers vorbereiten sowie die Definition Ihres Gesprächspartners anzweifeln und hinterfragen.

In absehbarer Zeit wird das ständige Hinterfragen Ihren Widersacher zur Weißglut bringen. Daraus resümierend werden Sie, ohne viel gesagt zu haben, das Gespräch leiten und einen sicheren Sieg einfahren. Aus diesem Grund vergessen Sie nie: „Wer fragt, der führt." Dementsprechend können Sie durch gezielte Fragen das Thema wechseln oder die Konversation beenden.

Es heißt so schön: „Fragen kostet nichts!" Aus diesem Grund richten Sie keinen Schaden an beziehungsweise verletzen Sie niemanden, wenn Sie Rückfragen stellen. Es sorgt hingegen sogar dafür, dass die Gesprächsatmosphäre aufgelockert wird.

Im Folgenden möchte ich Ihnen den Einsatz dieser Praktik an einigen Beispielen zeigen.

Im Arbeitsleben verdeutlichen folgende Beispiele die Technik:

A: „Sie sind ziemlich faul."
B: „Was bedeutet für Sie ‚faul'?"

A: „Sie nutzen für jeden Blödsinn Ihr Firmenauto."
B: „Eine Definition Ihrer Aussage wäre hier angebracht."

A: „Haben Sie kein Zuhause oder wieso sind Sie so lange im Büro?"
B: „Können Sie Ihre Aussage genauer definieren?"

Im Privatleben sieht es meist eher so aus:

A: „Hast du keine Ahnung oder warum sagst du nichts?"
B: „Was bedeutet für dich ‚keine Ahnung haben'?"

A: „Bist du immer so langweilig, wenn es um Urlaube geht?"
B: „Könntest du das konkretisieren?"

Und im Schulleben verdeutlichen folgende Beispiele die richtige Verwendung der Strategie:

A: „Du bist ja ziemlich ungenau, was Rechtschreibung betrifft."
B: „Was bedeutet für Sie ‚ungenau'?"

A: „Deine Inhaltsangaben sind für mich immer viel zu kurz."
B: „Was ist deine Definition von ‚viel zu kurz'?"

Die Gerade-weil-Technik

Diese Technik ist vorteilhaft, falls die Konversation nicht sauber und konstruktiv verläuft. Das Ziel dieser Technik ist, dass Sie den Einwand als Argument verwenden, um Ihre Erwiderung als richtig erscheinen zu lassen. Dementsprechend wird der Angriff Ihres Gegenübers an Ihren Kontext angepasst, sodass die Kritik unverändert bleibt, aber für Sie positiv endet. Logischerweise muss Ihre Argumentation Sinn ergeben, sodass Ihre Aussage gestützt wird.

Aufgrund dessen wird Ihr Angreifer verwirrt sein und bestenfalls nur einen banalen Gesichtsausdruck aufsetzen können. In dieser Zeit können Sie die Oberhand im Gespräch übernehmen. Jedoch kann die Gerade-weil-Technik nicht immer verwendet werden, da sie sehr besserwisserisch wirkt. Zum Glück ist das kein großer Nachteil, weil es genügend andere passende Strategien gibt. Diese Technik ist vergleichbar mit der Bumerang-Technik, jedoch haben Sie hier einen konkreten Anfangspunkt Ihrer Formulierung.

Nun einige Beispiele für die korrekte Anwendung.

Im Arbeitsleben können sich folgende Dialoge ergeben:

A: „Du brauchst viel zu lange, um diesen Auftrag abzuarbeiten!"
B: „Gerade weil ich mir die Zeit dafür nehme, begehe ich keine Fehler. Deshalb wäre ich sehr froh, wenn ich mich wieder konzentrieren dürfte."

A: „Deine Fähigkeiten sind für mich nicht überzeugend."
B: „Gerade deshalb sollten Sie mich näher kennenlernen, um meine wirklichen Fähigkeiten einschätzen zu können."

Im Privatleben kommt es eher zu solchen Gesprächen:

A: „Du kannst absolut nicht ruhig halten."

B: „Gerade weil ich nicht ruhig halten kann, sollten wir das Gesprächsthema wechseln und über etwas Interessantes reden."

A: „Bist du immer so aufdringlich?"
B: „Gerade weil ich so aufdringlich bin, habe ich keine langweilige Persönlichkeit."

Im Schulleben kann es hingegen so aussehen:

A: „Mitarbeit im Unterricht ist nicht eine deiner Stärken."
B: „Gerade weil ich mich nicht andauernd melde, habe ich die Möglichkeit, den Stoff detailliert und konzentriert durchzugehen."

A: „Deine Fremdsprachen-Note enttäuscht mich sehr."
B: „Gerade weil ich in Fremdsprachen nicht gut bin, können sich meine anderen Noten sehen lassen."

Der klassische Gegenangriff

Um schnell kontern zu können, nutzen Sie am besten die Formulierung der verbalen Attacke, um einen schnellen Gegenangriff zu starten. Das kann man sehr gut verbildlichen: Ihr Gegenüber wirft Steine auf Sie, diese fangen Sie auf und werfen sie mit mehr Kraft zurück.

Genialerweise verwenden wir diese Strategie (besonders Kinder) schon unterbewusst. Hierzu ein simples Beispiel:

Kind A: „Du bist ein Blödmann!"
Kind B: „Du bist auch ein Blödmann!"

Selbstverständlich merkt man schnell, dass man nicht ans Ziel kommt, wenn man im gleichen Stil wie sein Gegenüber zurück beleidigt. Deshalb ist es elementar, dass Sie sinnvolle Argumente liefern, um überzeugend zu sein.

Oftmals ist man in heikle Situationen verwickelt, in welchen mit gemeinen Anklagen um sich geworfen wird. Hier können Sie den Gegenangriff starten, da er für solche Situationen wie geschaffen ist. Sie müssen nur beachten, dass Sie mit voller Überzeugung dabei sein müssen, ansonsten verliert das Argument an Wirkung. Nicht vergessen: Je schneller Sie kontern, desto besser!

Hier einige Beispiele, um die Strategie und deren Anwendung zu verdeutlichen.

Im Arbeitsleben wird diese Praktik am besten wie folgt eingesetzt:

A: „Du schleimst dich doch nur beim Chef ein!"
B: „Wenigstens mache ich mir Gedanken."

A: „Sie waren wohl noch nie der Hellste?"
B: „Bei Ihren Kommentaren verwende ich nur den Stromsparmodus."

Im Privatleben findet die Technik bei folgenden Gelegenheiten Anwendung:

A: „Du machst dir zu viele Gedanken!"
B: „Wenigstens weiß ich, was gut und schlecht ist."

A: „Du stinkst ja förmlich nach Geld!"
B: „Ich rieche deinen Neid bis hierher."

Aber auch im Schulleben kann diese Strategie genutzt werden:

A: „Du hast doch keinen Plan!"
B: „Ich wusste nicht, dass dir diese Wörter bekannt sind."

SCHLAGFERTIGKEITSTECHNIKEN

10 TECHNIKEN
FÜR FORTGESCHRITTENE

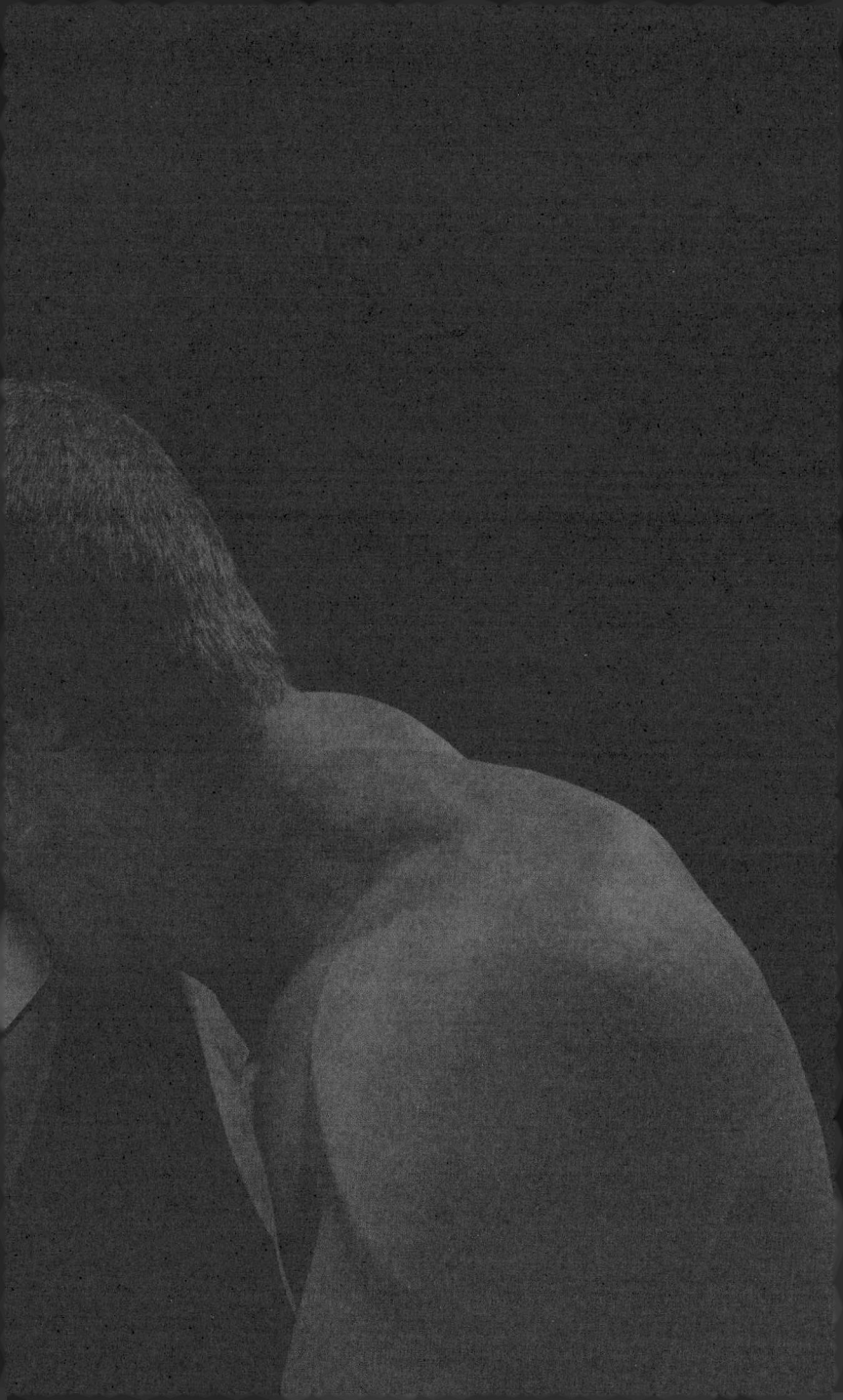

Die Retourkutsche

Jetzt wird der Spieß umgedreht! Gegen Sie verwendete Argumente werden ab jetzt gegen Ihren Angreifer gerichtet. Klingt einfach, oder? Nein, ganz so einfach ist es leider nicht. Man muss diese Strategie mit Vernunft einsetzen, ansonsten kann es beleidigend werden.

Falls man auf der Arbeit ist und mit seinem Chef eine Auseinandersetzung hat, sollte man auf andere Techniken zurückgreifen. Sie wollen bestimmt nicht, dass der Schuss nach hinten losgeht. Das i-Tüpfelchen ist dann noch die Ironie, denn die Retourkutsche lässt sich damit exzellent verbinden.

Ich wollte Ihnen diese Technik vorstellen, damit Sie vor radikaleren Angriffen gewappnet sind, da das Leben nicht immer ein Ponyhof ist. Zudem gehört zu dieser Methode etwas Übung dazu, erst dann werden die Gegenangriffe wirksam.

Auch diese Praktik lässt sich am besten an einigen Beispielen erklären, für welche Situationen sie geeignet ist.

Diese Strategie bietet sich bei folgenden Situationen im Arbeitsleben an:

A: „Bleiben Sie auch einmal so lange wie Ihre Kollegen auf der Arbeit."
B: „Ich bleibe nicht unnötig auf der Arbeit, um meine Zeit zu vertreiben."

A: „Seien Sie etwas genauer."
B: „Achten Sie lieber auf Ihre Aufgaben."

A: „Du erklärst das alles so unverständlich und schlecht."
B: „Da haben Sie recht. Für meine Erklärungen benötigt man einen hohen Intellekt. Dieser ist bei Ihnen nicht zu finden."

Im Privatleben sind es eher folgende Situationen:

A: „Wenn ich mich so kleiden würde wie du, würde ich nicht auf die Party gehen."
B: „Wenn ich so aussehen würde wie du, würde ich mich nicht aus dem Haus trauen."

Im Schulleben bietet sich die Strategie bei diesen Gelegenheiten an:

A: „Mach du mal deine Hausaufgaben."
B: „Erledigen Sie Ihre Aufgaben als Lehrer erst einmal richtig."

Die Ironie

Ein ironischer Unterton in Ihrem schlagfertigen Konter muss geübt sein, jedoch erhält er dadurch eine besondere Effektivität. Wenn Sie mit sich selbst ironisch umgehen, merken die außenstehenden Leute, dass Sie mit Ihren Schwächen gut umgehen können und selbstbewusst sind.

Allgemein wird die Ironie-Technik sehr gerne bei Kontern angewandt, die auf eine persönliche, verbale Attacke abzielen („Du siehst aus wie ein Clown."), da die umstehenden Menschen meist mit einem Lachen reagieren. Dies kann viele, sogar verfahrene Situationen deutlich auflockern.

Bei der Ironie-Technik werden Personen für etwas anerkannt oder gelobt, obwohl die Antwort oder Tätigkeit kein Lob verdient. Also findet bei der Ironie immer eine Übertreibung statt.

In der Praxis geht es wie folgt: Sie nehmen die Aussage Ihres Gegenübers und übersteigern diese bestmöglich.

Im Arbeitsleben könnte das beispielsweise so aussehen:

A: „Sie sind nicht der Schnellste."
B: „Ich weiß, ich mache Schildkröten Konkurrenz."

A: „Hast du deine Siebensachen gefunden?"
B: „Um genau zu sein, Sieben auf einen Streich."

Im Privatleben kommt es in der Praxis eher zu solchen Szenen:

A: „Könntest du nicht etwas freundlicher sein?"
B: „Stimmt, manchmal benehme ich mich wie Graf Dracula."

A: „Bleib doch mal locker."
B: „Warte, dann muss ich mich kurz dehnen."

Auch im Schulleben kann diese Strategie angewendet werden:

A: „Könntest du konzentriert und ernst bleiben?"
B: „Sie müssten mich nach der Schule erleben!"

A: „Deine Präsentation war sehr langwierig."
B: „Ja, ich liebe Kaugummis auch sehr."

Die Macht des Schweigens

Verbale Konter können auf Dauer ganz schön anstrengend sein oder finden Sie nicht? Mit der Macht des Schweigens können Sie das Muster durchbrechen. Wie der Name dieser Technik vermuten lässt, schweigen Sie nach einem verbalen Angriff, ohne ein Wort zu sagen. Dadurch entsteht die Annahme, dass diese Technik sehr einfach sei, da man ja nichts sagen müsse. Jedoch ist dem nicht so, denn hier ist Körpersprache und Selbstbewusstsein gefragt.

Oft entsteht das Bild, dass man, wenn man nichts auf eine verbale Attacke entgegnet, verloren hat. Das ist aus meiner Sicht überhaupt nicht der Fall. Sie kennen sicherlich Sprichwörter wie „Wenn Blicke töten könnten." Oder: „Der Klügere gibt nach." Diese fassen es gut zusammen: Manche Bemerkungen, vor allem Beleidigungen, sollte man manchmal unkommentiert stehen lassen und mit einem fokussierten Blick abstrafen. Viele Personen vergessen immer wieder, dass Schweigen ein nicht unwichtiger Teil der Kommunikation ist.

Wieso sollten Sie schweigen?

Während Sie schweigen, signalisieren Sie Abneigung gegenüber dem Angriff. Hier wird nicht verbal, sondern non-verbal kommuniziert.

Non-verbale Gesten sind zum Beispiel:

Blickverhalten,

Habitus,

Mimik,

Gestik.

Es gibt zwei Möglichkeiten, diese Technik auszuführen:

a) Sie schauen nach dem Angriff drei Sekunden in eine andere Richtung und bringen somit Ihr Desinteresse zum Ausdruck. Nach diesen drei Sekunden schauen Sie wieder Ihren Gesprächspartner an.

b) Nach der Konfrontation halten Sie die gesamte Zeit Blickkontakt. Dadurch wird Ihr Gegenüber massiv verunsichert und er wird möglicherweise zurückrudern. Setzen Sie eine konzentrierte Miene auf. Signalisieren Sie Unverständnis und lassen Sie Ihr Gegenüber spüren, dass er gewaltig in ein Fettnäpfchen getreten ist.

Die zweite Option ist besser für Personen geeignet, die über ein hohes Selbstbewusstsein verfügen.

Auch hier einige Beispiele für Angriffe, auf welche Sie am sinnvollsten mit dieser Methode reagieren.

Im Arbeitsleben ist es beispielsweise folgender Angriff:

A: „Sie sind so dumm."
B: *Augenkontakt halten*

Im Privatleben kommt die Strategie eher bei diesem bzw. bei ähnlichen Angriffen zum Einsatz:

A: „Nach der Arbeit kannst du mir auch mal helfen."
B: *Augenkontakt halten*

Im Schulleben bietet sich die Nutzung bei folgender Aussage an:

A: „Du kannst doch zuhause dieses Projekt beginnen."
B: *Augenkontakt halten*

Die Hilfetechnik

Diese Strategie hört sich gütig an, jedoch wird keinem geholfen, sondern Sie stellen knallharte Hilfe-Fragen, mit denen Ihr Gegenüber nicht rechnet.

Oftmals schlägt ein Kritiker mit Anschuldigungen um sich, aber im Kern findet man keine konstruktiven Aussagen. Deshalb sollte man den Gesprächspartner fragen, was dieser in solch einer Situation tun würde. Meist denkt Ihr Angreifer überhaupt nicht über eine mögliche Verbesserung Ihres Handelns nach, sondern möchte Sie nur unnötig beleidigen oder angehen. Deshalb stellen Sie eine offene Frage, welche Verbesserungsvorschläge diese Person konkret für Sie hat.

Sie werden erstaunt sein, wie oft es passiert, dass Menschen Sie und Ihre Arbeit kritisieren, aber wenn es darum geht, konkret zu werden und Verbesserungen anzubringen, geben sie selten eine vernünftige Antwort. Dementsprechend ist die Hilfetechnik eine großartige Vorgehensweise, wenn Sie mit vielen Besserwissern zu tun haben.

Ihr Vorteil ist: Sie können nur gewinnen! Entweder die Person hat keine konstruktive Kritik, dann haben Sie schlagfertig gewonnen oder der Angreifer hilft Ihnen wirklich bei Ihrer Arbeit weiter. Somit brauchen Sie hier nicht zu befürchten, die Kompetenz Ihres Gegenübers in beleidigender Weise (ungewollt) anzuzweifeln und können diese Technik ohne Probleme in Auseinandersetzungen mit Ihrem Chef, Lehrer oder Professor anwenden.

Beispiele für Situationen, in denen die Strategie angewendet werden kann.

Im Arbeitsleben bieten sich viele Gelegenheiten, um die Technik zu nutzen:

A: „Ihre Präsentation ist ziemlich erbärmlich."
B: „Inwiefern besteht für Sie daran Änderungsbedarf?"

A: „Ihre Arbeitsqualität lässt zu wünschen übrig."
B: „Was würden Sie an meiner Stelle verbessern?"

Im Privatleben gibt es auch diverse Möglichkeiten:

A: „Du solltest mehr Sport treiben."
B: „Wie stellst du dir das konkret vor?"

A: „Dein Kleidungsstil ist übertrieben."
B: „Was verstehst du unter einem guten Kleidungsstil, du kannst mir da bestimmt helfen oder?"

Und auch im Schulleben kann die Strategie angewendet werden:

A: „Deine Hausaufgaben sind nicht ausreichend."
B: „Was würde zur Besserung beitragen?"

Die Übergehungstechnik

Sie kennen bestimmt unangenehme Fragen, auf die
Sie keine Antwort haben oder nicht antworten wollen, da die Konversation für Sie unnötig und nicht
zielführend scheint. Hier ist die Übergehungstechnik
die beste Strategie.

Zuerst wird signalisiert, dass Sie die Aussage Ihres
Gegenübers verstanden haben. Jedoch bitten Sie
darum, das vorherige Thema erneut aufzugreifen.
Somit ist es wahrscheinlich, dass die provokative
Frage in Vergessenheit gerät, da ein Themenwech-
sel stattgefunden hat.
Falls nicht, haben Sie immer noch genug Zeit, sich
eine passende Antwort zurechtzulegen. Also über-
springen Sie den Angriff und gehen zum nächsten
Thema über.

Eine andere Methode wäre, dass Sie die Antwort Ihres Gesprächspartners akzeptieren, aber ohne einen Konter zu übergehen und das nächste Thema zu beginnen.

Ich verwende solch eine Taktik in Meetings oder Konferenzen, vor allem wenn keine Konstruktivität der Aussagen gegeben ist. Dadurch erspare ich mir viel Zeit und Ärger.

Hier einige Situationen, die beispielhaft aufzeigen, wie die Praktik angewendet wird.

Im Arbeitsleben sieht das zum Beispiel so aus:

A: „Das sind lächerliche Diagramme."
B: „Danke für den Hinweis, jetzt geht es zum Thema XY."

A: „Ihre Ausarbeitung kann man in den Müll hauen."
B: „Danke für die überaus konstruktive Kritik, aber nun fahren wir fort mit dem Thema XY."

A: „Aufgrund deiner Inkompetenz sollten wir das Projekt abbrechen."
B: „Danke für deine Bedenken, wie hat deine letzte Frage gelautet?"

Im Privatleben dagegen so:

A: „Das letzte Mal, als wir uns gesehen haben, sahst du deutlich schöner und gepflegter aus."
B: „Toll, dass es dir aufgefallen ist. Wie geht es der Familie …?"

Und im Schulleben kann es so aussehen:

A: „Du solltest lauter reden, denn jetzt hörst du dich wie ein Weichei an."
B: „Danke für den Tipp, wie lautete nochmal die Aufgabe in Mathematik?"

Die Meta-Ebene-Technik

Es ist am angenehmsten, wenn man sachliche und konstruktive Gespräche führt. Jedoch ist dies im normalen Alltag nicht immer der Fall. Deshalb kann es passieren, dass Gespräche manchmal in rabiaten Wortgefechten enden, die verletzend sind. In der Standardsprache und der Fachsprache sind vulgäre Ausdrücke und Schimpfwörter nicht zu finden, da die Mehrheit der Personen im Kindesalter Anstand und Respekt vermittelt bekommen hat.

Aber was hat Anstand mit Schlagfertigkeit zu tun? Ganz einfach, Sie können die Kritiker an diese Sitte erinnern und somit lösungsorientiert, konstruktiv argumentieren und dem Gegenüber den richtigen Weg aufzeigen.

Zum Beispiel lässt sich dieser Satz häufig verwenden:

„Frau Müller, können Sie bitte sachlich beim Thema bleiben?"

Damit signalisieren Sie, dass Ihr Gesprächspartner einen Schritt zu weit gegangen ist, aber ihm werden keine Vorwürfe gemacht, dass er z. B. über keinerlei Anstand verfügt.

Ebenfalls erspart Ihnen diese Technik viel Energie, da Sie nicht auf die Konfrontation eingehen und höchstens das Benehmen oder Verhalten monieren. Dadurch ist diese Technik fast ubiquitär anwendbar. Falls Sie doch härter zuschlagen wollen, können Sie Ihren Angreifer fragen, ob er auf diesem Niveau kommunizieren möchte. Aufgrund dessen ist es wahrscheinlich, dass die Konversation weitergeführt und noch schärfer von beiden Seiten kritisiert wird.

Beispiele für den Einsatz dieser Taktik sind im Arbeitsleben:

A: „Funktioniert Ihr Gehirn überhaupt noch?"
B: „Herr XY, mein geliebter Arbeitskollege, können Sie bitte sachlich bleiben?"

A: „Sind Sie überhaupt noch ansprechbar?"
B: „Könnten Sie sich das nächste Mal etwas freundlicher ausdrücken, denn ich hoffe, ich habe Sie falsch verstanden."

Im Privatleben wird die Methode eher wie folgt verwendet:

A: „Gib es zu, du bist ein verlogenes Schwein."
B: „Ist das deine Vorstellung davon, wie wir miteinander kommunizieren sollten?"

Im Schulleben kann es so aussehen:

A: „Unglaublich, wie faul du bist!"

B: „Danke, aber sachliche Gespräche wären mir lieber."

A: „Deine Leistungskontrolle war schlechter als die eines Kleinkinds!"
B: „Ich danke Ihnen für Ihre Resonanz auf meine Arbeit, jedoch würde mir eine sachliche Kritik mehr helfen."

Die Klartext-Technik

Nicht immer hilft ein humorvoller oder einfacher Konter, deshalb sagen Sie bei dieser Strategie ehrlich und deutlich, was Ihre Meinung ist. Manchmal tragen diese verbalen Angriffe eine versteckte Aussage mit einer Beleidigung in sich. Mit der Klartext-Technik offenbaren Sie diesen versteckten Kern der Aussage oder Sie dementieren den offensichtlichen Angriff auf Ihre Persönlichkeit. Dementsprechend brauchen Sie Selbstvertrauen und Selbstbewusstsein, da Sie einen klaren Standpunkt vertreten wollen und Klartext sprechen.

Diese Technik ist sehr hart, aber stark in der Wirkung. Sie sollten diese nur nutzen, wenn Ihre Persönlichkeit wirklich stark unter Beschuss steht.

Wann ist die Klartext-Strategie angebracht?
Ich verwende sie, wenn es um wichtige Entscheidungen geht, also in Extremsituationen. Ebenfalls darf man nicht verleugnen, dass diese Technik jedes Mal von neuem Überwindung kostet.

Das Besondere an dieser Methode ist, dass Ihr Gegenüber so überwältigt ist, dass er sich letzten Endes anpasst und Ihre Meinung vertritt.

Folglich beurteilen Sie kritisch die Aussage Ihres Gesprächspartners. Das Ziel ist, dass Ihr Gegenüber merkt:

1. Er kommt mit seiner Äußerung nicht weiter.

2. Er kann mit Ihnen nicht so reden.

3. Was Ihre Bedingungen sind.

Auch diese Praktik lässt sich besser mit einigen Beispielen erläutern.

Im Arbeitsleben wird sie beispielsweise so eingesetzt:

A: „Gibt es viele Leute in Ihrem Heimatland, die so unbegabt sind wie Sie?"
B: „Gegen mich und meine Heimat stellt dies eine klare Beleidigung dar. So möchte ich das Gespräch nicht weiterführen."

A: „Du hast doch mit dem Chef geschlafen oder warum hast du erneut eine Gehaltserhöhung bekommen?"

B: „ Jetzt hören Sie mir einmal zu. Ich dulde solche primitiven und unpassenden Bemerkungen keinesfalls. Denken Sie dringend über Ihr Verhalten und Ihre Stellung im Unternehmen nach."

Im Privatleben wird sie so angewendet:

A: „Bist du träge oder warum sitzt du hier?"
B: „Willst du mir sagen, dass du dich gerne mit mir ausruhen möchtest? Wenn nicht, dann nehme ich es als Beleidigung auf."

Im Schulleben findet ein Einsatz eher wie folgt statt:

A: „Du bist dümmer als ein Weißbrot."
B: „Was du sagst, ist ein Angriff gegen mich. Solch eine dumme Bemerkung kannst du dir sparen und verurteile ich gnadenlos."

Die Relativierungstechnik

Wie der Name dieser Technik vermuten lässt, relativieren Sie den Angriff. Dabei stellen Sie die verbale Attacke Ihres Gegenübers in Relation zu Ihrem Argument. Dabei wird der Angriff Ihres Gegenübers verallgemeinert, objektiv betrachtet und stark abgeschwächt.

Bei der Relativierung sollten Sie auf die Betonung und Körpersprache achten, denn erst dadurch wird die gesamte Wirkung entfaltet. Ich betone sehr gerne die Person, welche angesprochen werden soll. Damit verdeutliche ich, dass es lediglich die Sichtweise des Angreifers ist. Nennen Sie also ruhig den Namen des Gegenübers.

Mein Spezialtipp: Wenn Sie in einem Meeting oder einer Gruppenarbeit sitzen, dann sollten Sie in Ihrem

Konter mit „wir" arbeiten. Dazu möchte ich Ihnen ein kurzes Beispiel vorstellen:
Sie sitzen in einer Gruppenarbeit mit fünf Personen. Person A beginnt, Sie verbal anzugehen.

A: „Deine Ausführungen brauchen wir in dieser Gruppe absolut nicht, denn sie bringen uns kein Stückchen weiter!"

Sie könnten diese Aussage jetzt mit der Technik relativieren, jedoch wird sie wie im folgenden Beispiel nicht die volle Wirkung entfalten:

B: „Interessante Meinung, die Sie da vertreten, jedoch bin ich ganz klar anderer Meinung."

Sie haben die Aussage zwar gekontert, dennoch steht Aussage gegen Aussage. Ihre Meinung und die des Angreifers. Eine viel bessere Variante wäre, wenn Sie zusätzlich Meinungen anderer Gruppenmitglieder mit einbeziehen. Dies könnte wie folgt aussehen:

B: „Interessante Meinung, die Sie da vertreten, jedoch sind <u>wir alle</u> der Meinung, dass ich sehr wohl etwas zur Gruppenarbeit beitrage."

Jetzt haben sich zwei Gruppen gebildet: Auf der einen Seite steht der Angreifer völlig alleine und auf der anderen Seite stehen Sie mit den restlichen Gruppenmitgliedern. Die anderen Personen werden Ihnen nicht widersprechen, da sie sich meist in den Konflikt nicht einmischen möchten. Der Angreifer hat nun keine andere Wahl, als nachzugeben. Sie können auch überlegen, ob Sie am Ende der Aussage zwei weitere Gruppenmitglieder direkt ansprechen:

B: „Interessante Meinung, die Sie da vertreten, jedoch sind <u>wir alle</u> der Meinung, dass ich sehr wohl etwas zur Gruppenarbeit beitrage. Herr Schulze und Frau Maier, wie sehen Sie das?"

Dadurch werden Ihnen Ihre Kollegen beipflichten, denn diese möchten sich nicht auf das Niveau Ihres Gegners herablassen. Vor allem bei Arbeitskollegen, welche Sie allgemein nicht leiden können, ist diese Art der Technik wunderbar.

Im Endeffekt bleibt der Aufbau dieser Technik von Situation zu Situation gleich, deshalb können Sie diese auch schnell erlernen. Man benötigt nur etwas Mut, um seine Aussagen zu betonen.

Folgende weitere Beispiele illustrieren den richtigen Gebrauch dieser Strategie.

Im Arbeitsleben sieht das häufig so aus:

A: „Sie sind viel zu leise, wenn Sie reden!"
B: „Das ist Ihre Sichtweise, aber die kann trüben."

A: „Haben Sie immer so eine nervige Stimme?"
B: „Das ist Ihre Meinung, das kann auch an Ihren Ohren liegen."

Im Privatleben sieht es beispielsweise so aus:

A: „Du bist ja fett geworden."

B: „Das liegt im Auge des Betrachters, die ich nur zurückgeben kann."

Im Schulleben eher so:

A: „Du lernst viel zu wenig für die Schule."
B: „Das sind Ihre Erfahrungen, welche ich, aus meiner Sicht, leider nicht bestätigen kann. Meine Noten sehen super aus."

Die Ich-Botschaften

Das Besondere an dieser Technik ist, dass Ihre Gegenargumente unangreifbar sind, da bei Ich-Botschaften Ihr eigenes Empfinden an oberster Stelle steht. Dementsprechend geben Sie Ihrem Gegenüber einen Hinweis, wie es Ihnen geht und wie das Gespräch verlaufen sollte. Ich-Botschaften sind also Aussagen, die Ihren aktuellen Zustand beschreiben. Diese Technik ist sehr emotional, weswegen Sie die Emotionalität auch in der Körpersprache und der Stimme zum Ausdruck bringen sollten.

Das Schwierige ist, dass Sie über Ihre eigenen Gefühle oder Empfindungen sprechen müssen. Dazu müssen Sie über Selbstbewusstsein verfügen. Vielen Menschen fällt genau dieser Punkt sehr schwer.

Wann bietet sich diese Strategie an?
Falls es größere Streitigkeiten oder Konflikte gibt, nutze ich diese Technik sehr gerne. Damit machen Sie deutlich, was Ihr Empfinden ist, dadurch wiederum zeigen Sie die klare Kante und vermeiden Miss-

verständnisse. Ebenfalls zeigen Sie, dass das Problem konstruktiv gelöst werden kann und dass Ihre Meinung nur eine subjektive Sicht einnimmt.

Bestimmt merken Sie, dass die Ich-Botschaft viele Vorteile aufweist, deshalb wird diese Art der Botschaft auch in anderen Kommunikationsbereichen verwendet.

Wie oben bereits erwähnt, wird Ihr Konter unangreifbar, da Sie über Ihren persönlichen Gefühlszustand berichten. Dieser kann nicht kritisiert werden, da niemand weiß, wie Sie sich tatsächlich fühlen.

Im Folgenden finden Sie einige Beispiele, wie genau diese Ich-Botschaften geäußert werden können.

Im Arbeitsleben sehen die Botschaften so aus:

A: „Wir kommen nicht zum Ende, wenn Sie so weitermachen!"
B: „Das ist wirklich schade. Ich finde, dass Sie zu pessimistisch sind."

A: „Sie sind ein wirklicher Stinkstiefel!"
B: „Schade, ich bin ein bisschen enttäuscht, dass Sie mich nach all den Jahren immer noch so schlecht kennen."

Im Privatleben formuliert man eher so:

A: „Du bist echt arrogant geworden."
B: „Ist das deine ehrliche Meinung? Ich habe immer gedacht, dass wir wirklich gute Freunde sind."

Und im Schulleben kann eine Ich-Botschaft folgendermaßen aussehen:

A: „Arbeite schneller, sonst wird das mit deiner Mathe-Note nie etwas."
B: „Ich fühle mich ständig von Ihnen unter Druck gesetzt. Da kann ich nicht effektiv arbeiten."

Die Zurückweisung

Bei dieser Technik weisen Sie den Angriff oder die Aussage zurück und verneinen die Äußerung. Dabei ist es nicht nötig, die Zurückweisung mit Argumenten zu untermauern, da Ihr Auftreten eine größere Rolle spielt. Rechtfertigungen Ihrerseits sind hier unerwünscht und fehl am Platz.

Darauf sollten Sie achten:

Blickkontakt halten,

aufrechte Haltung einnehmen,

hüftbreiten Stand haben,

starke Stimme einsetzen.

Bei der Zurückweisung haben Sie den Vorteil, dass die Technik einfach anzuwenden ist, denn meist setzen Sie vor der eigentlichen Zurückweisung nur ein einfaches „Nein".

A: „Deine Projektidee wird nie funktionieren."

B: „Nein, meine Projektidee wird auf jeden Fall funktionieren."

Auch bei dieser Strategie möchte ich Ihnen die Beispiele nicht vorenthalten. Beachten Sie aber bitte, dass die entsprechend notwendige Körpersprache so nur unzureichend dargestellt werden kann.

Im Arbeitsleben kann die Methode beispielsweise so eingesetzt werden:

A: „Sie arbeiten nicht schnell genug!"
B: „Nein, ich arbeite definitiv schnell genug."

Im Privatleben ergibt sich folgendes Szenario:

A: „Dein Kleidungsstil ist ja schrecklich."
B: „Nein, ist er nicht."

Im Schulleben passiert oft Folgendes:

A: „Du hast über die Ferien einiges an Gewicht zugenommen."
B: „Nein, ich habe mein Gewicht gehalten."

Die Technik der Zurückweisung ist ziemlich primitiv hinsichtlich der verbalen Kommunikation, jedoch anspruchsvoll umzusetzen mithilfe der richtigen Art und Weise des nonverbalen Konters. Ihre Körpersprache und Stimme ist bei dieser Technik wirklich essentiell.

SCHLAGFERTIGKEITSTECHNIKEN

10 TECHNIKEN FÜR PROFIS

Die Touch-Turn-Talk-Technik

In diesem Buch haben Sie schon mehrere Strategien kennengelernt, mit denen Sie aggressiv kontern können. Der Makel bei diesen Praktiken ist, dass solche Methoden verletzend wirken können und dadurch das Gesprächsthema ins Negative gezogen wird.

Die Touch-Turn-Talk-Technik, kurz TTT-Technik, hingegen ist eine Strategie, bei der Sie den Angreifer auf die Sachebene zwingen. Somit ist diese Technik auch für Konter bei Ihrem Chef oder Vorgesetzten erlaubt. Wie der Name der Strategie bereits vorwegnimmt, erfolgt diese Art des Konters in drei Schritten: Touch, Turn, Talk. Im ersten Schritt berühren Sie (Touch) den verbalen Angriff des Gegenübers. Im zweiten Schritt lenken Sie nun diese Aussage in Ihre gewünschte Richtung (Turn), sprich Sie setzen den Fokus auf das Positive. Und zu guter Letzt untermauern Sie Ihre positive Aussage mit weiteren Aspekten und Argumenten (Talk).

Im folgenden Beispiel markiere ich Ihnen die einzelnen Schritte.

A: „Da haben Sie ja wieder eine tolle Präsentation abgeliefert. Nur zu schade, dass Ihnen die Nachteile Ihrer Idee vollkommen egal sind."

B: „Die Nachteile habe ich mir angeschaut und analysiert (Touch), jedoch überwiegen die Vorteile meiner Projektidee bei Weitem (Turn). Diese sind zum Beispiel …(Talk)."

Somit haben Sie diese Bemerkung nicht nur erfolgreich gekontert, sondern gleichzeitig eine sachliche Argumentation untergebracht.

Was sind nun die Vorteile der TTT-Technik?
Ein großer Pluspunkt ist, dass Ihr Gesprächspartner nicht verbal verletzt wird, da Sie meistens positiv formulieren und nicht aktiv kontern.

Wo kann man die TTT-Technik verwenden?

Bei Konferenzen/Meetings,

bei Vorstellungsgesprächen,

bei Seminaren,

in Gesprächen mit Ihrem Chef/Vorgesetzten,

in Gesprächen mit Ihrem Lehrer.

Mit folgenden Mustern lassen sich gute Formulierungen für die TTT-Technik finden.

„Wir beschäftigen uns mit einer anderen Frage ..."

„Diese Frage beleuchtet einen anderen Aspekt.
Wir..."

„Darüber sollten wir später auch noch reden.
Jetzt ..."

„Das haben wir auch schon gelesen und erörtert. Wer den konkreten Sachverhalt kennt, weiß, dass …"

Auch dies lässt sich am besten anhand weiterer Beispiele verdeutlichen.

Im Arbeitsleben findet die Methode folgendermaßen Anwendung:

A: „Die Zahlen der letzten Zielgruppe sagen da aber etwas anderes."
B: „Das haben wir schon gehört (Touch), jedoch ist diese Zielgruppe aufgrund Ihrer Kaufkraft und demographischen Struktur eine interessantere (Turn). Der Grund für meine Annahme liegt in… (Talk)"

Im Privatleben kommt es manchmal zu folgender Unterstellung:

A: „Hast du heute schon wieder zu viel getrunken?"
B: „Ich habe heute etwas mehr getrunken (Touch). Jedoch gab es auch ordentlich etwas zu feiern (Turn). Wir haben unter anderem … gefeiert (Talk)."

Im Schulleben sind eher solche Konfrontationen zu erwarten:

A: „Du machst immer noch zu viele Fehler."
B: „Die Fehler, die ich mache, sind überschaubar (Touch), dafür bin ich umso besser im Erörtern von Sachtexten (Turn). Meine letzten Noten lauten… (Talk)."

Die Zitattechnik

Das Zitieren ist ein hervorragendes Werkzeug der Rhetorik. Nicht nur, dass Sie gebildet klingen, macht dieses Werkzeug so wunderbar, sondern auch die Tatsache, dass Sie Botschaften bildlich oder metaphorisch unterstützen. Jedoch möchte ich Ihnen im Folgenden diese Technik im Detail erklären:

Stellen Sie sich vor, jemand greift Sie verbal an. Dieses Mal antworten Sie mit keinem typischen Konterspruch oder versuchen sich zu rechtfertigen, sondern geben ein Zitat wieder, welches gut zur Situation bzw. zum Vorwurf passt. Falls Sie ein gutes Zitat wiedergeben können, wird die Zitattechnik zu einer der eindrucksvollsten Schlagfertigkeitstechniken, da Zitate eine besondere bildliche Wirkung haben, die auf die rhetorischen Stilmittel zurückzuführen ist.

Das Schwierige ist nur, dass Ihnen die passenden Zitate zum richtigen Zeitpunkt einfallen müssen, denn im Nachhinein nützen sie Ihnen nichts mehr. Aus diesem Grund habe ich einen Tipp, wie Ihnen die richtigen Zitate einfallen:

Ich habe auf meinem Schreibtisch ein altes Notizbuch liegen, in welchem ich mir ständig neue Zitate notiere, die mir persönlich gefallen oder die, in meinen Augen, eine hohe Aussagekraft besitzen. Diese Zitate habe ich irgendwann einmal gelesen. Dementsprechend dient mein Notizbuch als Nachschlagewerk für sämtliche Zitate. Ich erweitere mein Notizbuch kontinuierlich und arbeite es gelegentlich durch, um weitere Zitate im Kopf griffbereit zu haben. Erstellen Sie sich also eine Liste an tollen Zitaten für vielseitige Situationen und lernen Sie diese auswendig. Essentiell ist bei der Zitattechnik nämlich, dass Sie die Zitate wortgenau und ohne zu stottern wiedergeben können, denn ansonsten verliert diese Technik schnell an Wirkung.

Die Erstellung einer solchen Liste ist nicht nur für das Trainieren der Schlagfertigkeit hilfreich, sondern mittels der Zitate erzielen Sie ebenfalls bei Reden oder Präsentationen eine besondere Wirkung.

Wichtig ist nur, dass Sie sich diese Zitate tatsächlich niederschreiben. Sie können sie sich auch auf dem Handy, Laptop und Co. abspeichern.

Wenn wir schon bei Zitaten sind, gebe ich Ihnen hier einige nützliche Zitate an die Hand, die Sie bestimmt schon bald benötigen werden:

„Fordere viel von dir selbst und erwarte wenig von den anderen. So wird dir Ärger erspart bleiben." – Konfuzius

„Arbeite klug, nicht hart." – Dr. Gregory House

„Faulheit ist die Furcht vor bevorstehender Arbeit." – Marcus Tullius Cicero

„Unsere Fehlschläge sind oft erfolgreicher als unsere Erfolge." – Henry Ford

„Am Mute hängt der Erfolg." – Theodor Fontane

Und auch hier zum Abschluss einige Beispiele, in denen diese Strategie zur Anwendung kommt.

Im Arbeitsleben ist folgendes Zitat sehr hilfreich:

A: „Sie sollten Multitasking beherrschen!"
B: „Multitasking ist keine Kunst, sondern die Unfähigkeit, sich zu organisieren.' – Martin Geiger"

Im Privatleben und auch im Arbeitsleben kann Ihnen dieses Zitat von großem Nutzen sein:

A: „Wieso arbeitest du so lange?"
B: „Erfolg hat drei Buchstaben: TUN.' – Goethe"

Im Schulleben und generell bei Aufforderungen zum Vergleich mit vermeintlich „besseren" Personen kann dieses Zitat verwendet werden:

A: „Du solltest dich mal mit anderen Schülern vergleichen!"
B: „Das Vergleichen ist das Ende des Glücks und der Anfang der Unzufriedenheit.' – Søren Kierkegaard"

Die Diplomatentechnik

Diese Strategie heißt Diplomatentechnik, da Diplomaten die Fähigkeit besitzen, schlimme oder extreme Aussagen weich und sorglos auszudrücken. Folglich ist das Ziel, dass Sie die Angriffe in freundlichere Äußerungen umformulieren.

Daher ist diese Praktik auch oft in der Politik wieder-
zufinden, weil kritische Aussagen regelrecht „entgif-
tet" werden. Aus diesem Grund verwende ich diese
Technik in Situationen, in denen nicht zu spaßen ist
und die Ruhe bewahrt werden muss. Jetzt merken
Sie bestimmt, dass solch eine Methode nicht einfach
umsetzbar ist, denn sonst gäbe es viel mehr Diplomaten und Politiker auf dieser Welt. Jedoch ist sie
von jedermann erlernbar. Man braucht allerdings
eine gewisse Zeit, um das richtige Gefühl für den
Einsatz dieser Methode zu bekommen. Routine ist
hier gefragt. Für Anfänger ist diese Technik aus diesem Grund absolut ungeeignet.

Wie können Sie nun eine so schwierige Technik erlernen und erfolgreich ausführen?

Zu meiner Schulzeit war ich immer eine Person, die
Kritik offen angesprochen hatte. Vor allem bei meiner ehemaligen Deutschlehrerin, die mich absolut
nicht leiden konnte, hatte ich immer schlagfertige
Argumente parat, die bewiesen haben, dass sie hinsichtlich einer konstruktiven Kritik an mir inkompetent ist. Das Problem lag jedoch klar auf der Hand:
Sie saß als Lehrerin am längeren Hebel und ich
konnte sie leider nicht direkt auf ihre Fehler ansprechen, denn ansonsten hätte (hatte) das starke Auswirkungen auf meine Note gehabt. Immer dann,
wenn sie mich aus einem unsinnigen Grund verbal
attackierte, konnte ich nicht mit einer harten Technik
zurückschlagen. Also musste ich von der Diplomatentechnik Gebrauch machen, die vor allem von sogenannten Euphemismen (Beschönigungen) lebt.
Ein Beispiel aus meiner Vergangenheit beschreibt
diese Technik wunderbar:

Lehrerin: „Florian, deine Arbeit ist viel zu hochtrabend und schlecht geschrieben, dadurch verstehe ich gar nichts und was ich nicht lesen oder verstehen kann, bewerte ich mit 0 Punkten. So wird aus dir nie etwas Ordentliches werden."

Da hatte sie mir wieder etwas aufgetischt. Jetzt zu hart zurückzuschlagen, wäre jedoch der falsche Weg gewesen. Meine Antwort darauf lautete:

Florian: „Ich gebe Ihnen recht. Meine Texte benötigen einen hohen Intellekt. <u>Ich verstehe Ihre Sorge um meine berufliche Zukunft dahingehend vollkommen.</u>"

Natürlich hat diese Aussage auch einen gewissen harten Kern, schließlich sollte sie ja schlagfertig sein.

Ein paar Beispiele veranschaulichen diese Praktik zusätzlich.

Im Arbeitsleben kommt die Diplomatentechnik so zum Einsatz:

A: „Sie wissen schon, dass eine viel zu hohe Arbeitslosigkeit vorherrscht?!"
B: „Ich bin mir dieser unerfreulichen Situation bewusst, die umgehend geändert werden muss."

Im Privatleben kommt es eher zu einer solchen Situation:

A: „Deine Beziehung zu XY ist doch gespielt und nicht echt."

B: „Danke, dass du dir Sorgen über meinen Beziehungsstatus machst."

Im Schulleben kann die Methode so angewandt werden:

A: „Wieso sind Ihre Fehltage in der Schule so hoch?"
B: „Die Anzahl der Fehltage ist eher überschaubar."

Die Abwägungstechnik

Diese Technik können Sie verwenden, wenn ein Teil des verbalen Angriffs zwar korrekt ist, jedoch ein anderer Aspekt den vorher genannten aufhebt. Hier korrigieren Sie die Aussage oder den Angriff Ihres Gegenübers und formulieren die Behauptung um. Also stimmen Sie erst Ihrem Gegenüber zu, aber ändern einen Teil des Angriffs, um ein schlagfertiges Argument zu haben.

Diese Technik können Sie nicht immer verwenden, da nicht in jeder Aussage etwas Richtiges steckt. Ebenfalls muss Ihnen immer ein Argument einfallen, was zu dem Angriff Ihres Gesprächspartners passt. Also ist hier viel Übung gefragt.

Solch eine Technik ist empfehlenswert, falls Sie geschäftliche Verhandlungen haben, da hier am effektivsten durch die Abwägung mit Fakten überzeugt wird. Außerdem bewegen Sie sich auf einer Sachebene, was im Berufsleben immer die beste Wahl darstellt.

Beispiele für den Einsatz dieser Methode finden Sie im Folgenden.

Im Arbeitsleben kann die Strategie so genutzt werden:

A: „Sie wissen schon, dass diese Technik nicht ausgeklügelt ist?"
B: „Nach aktuellem Wissensstand ist sie keinesfalls perfekt, aber für die Zukunft wird es die effizienteste Technik sein."

Während sie im Privatleben eher wie folgt Anwendung findet:

A: „Du kommst viel zu spät nach Hause."
B: „Du hast recht, ich komme spät nach Hause, aber das sichert unseren Lebensunterhalt."

Im Schulleben kann die Methode so eingesetzt werden:

A: „Du solltest unsere Aufzeichnungen abschreiben!"
B: „Das stimmt, aber langfristig hilft es mir weitaus mehr, wenn ich das Thema im Unterricht verstehe."

Die Nonsens-Technik

Das Wort „Nonsens" bedeutet so viel wie „Unsinn" oder „Quatsch". Jetzt können Sie sich schon vorstellen, was hinter dieser Taktik steckt. Stellen Sie sich vor, Ihr Gegenüber konfrontiert Sie mit einer verbalen Attacke, darauf antworten Sie mit keinem logischen Konterspruch, sondern mit einem unlogischen und unsinnigen Kommentar, der keinen Bezug zum Thema aufweist. Diese einzelnen Wörter oder Sätze des Kommentars müssen keinen Sinn ergeben, sondern nur unsinnig klingen.

Das Ziel dieser Technik ist, dass Sie Ihr Gegenüber verwirren, sodass Sie sich aus der heiklen Situation zurückziehen und die Gesprächsatmosphäre auflockern. Dadurch gewinnen Sie natürlich Zeit, da der Angreifer aus allen Wolken fällt, weil er mit solch einer Antwort nie gerechnet hätte. Falls Ihr Gesprächspartner pedantisch und spießbürgerlich ist, kann es sein, dass ihm Ihre Äußerung überhaupt nicht gefällt, aber das werden Sie spätestens an seinem Gesichtsausdruck erkennen.

Falls Sie mit Bravour bestehen möchten, müssen Sie locker eingestellt sein und sich selbst auf die Schippe nehmen können. Somit erhält die Unsinnigkeit einen besonderen Ausdruck. Aufgrund dessen müssen Sie wissen, wann die Nonsens-Technik angebracht oder unangebracht ist. Ich würde diese Strategie auf der Arbeit nur sehr bedacht einsetzen, um Konflikte und Probleme mit dem Chef oder Arbeitskollegen zu vermeiden.

Beispiele für einige Situationen, in denen sich diese Taktik anbietet, finden Sie im Folgenden.

Im Arbeitsleben können das folgende Konfrontationen sein:

A: „Sie sind so stur wie ein Esel!"
B: „Wissen Sie, dass ich Esel mehr als Pferde mag?"

Im Privatleben passt diese Technik gut bei einem solchen Vorwurf:

A: „Hast du noch alle Tassen im Schrank?"
B: „Ich schaue mal kurz nach und bestelle gegebenenfalls neue Tassen nach."

Im Schulleben passt sie bei dieser Behauptung:

A: „Kann es sein, dass du überhaupt nicht teamfähig bist?"
B: „Warte, ich muss kurz in der Team-Zentrale anrufen."

Die Stopp-Technik

Das Wichtige an der Stopp-Technik ist, dass Sie aufmerksam zuhören und Ihren Gesprächspartner ausreden lassen. Daraufhin konfrontieren Sie ihn mit einem Nein- und Stopp-Signal.

Beispiele für Nein-Signale sind:

Nein,

im Gegenteil,

keinesfalls,

keineswegs,

in keiner Weise.

Dementsprechend benötigen Sie Selbstsicherheit, um „Nein" sagen zu können. Wenn Ihnen der Angriff Ihres Gegenübers zu naiv ist, können Sie durch cleveres Argumentieren das Gesprächsthema wechseln, um später auf das ursprüngliche Thema zurückzukommen.

Darüber hinaus ist es super, wenn ein Themenwechsel stattfindet, denn damit nehmen Sie die Anspannung aus dem Gespräch heraus und sind vor sinnlosen Sprüchen und Unterstellungen sicher.

Hinsichtlich des aggressiven Nein-Sagens sollten Sie vorsichtig sein, um Ihr Gegenüber nicht zu sehr in die Enge zu drängen, besonders bei Familienangehörigen ist darauf Acht zu geben.

Im Folgenden finden Sie auch hier einige Beispiele, die die Methode weiter veranschaulichen sollen.

Im Arbeitsleben bietet sich die Taktik als Antwort auf folgende Äußerung an:

A: „Anscheinend machen Sie Urlaub auf der Arbeit."
B: „Im Gegenteil. Offensichtlich wissen Sie mehr als ich, denn diesen Monat bin ich meines Erachtens erneut Ihr umsatzstärkster Arbeiter."

Im Privatleben kann sie so eingesetzt werden:

A: „Du sitzt bloß faul da, oder?"
B: „Keineswegs, ich habe gerade nachgedacht. Aus meiner Sicht halte ich den gesamten Haushalt am Laufen."

Und im Schulleben kann sie so genutzt werden:

A: „Warum sitzt du hier, als hättest du nichts zu tun?"
B: „Im Gegenteil, ich habe viel zu tun. Jedoch habe ich vorbildlich meine Hausaufgaben zuhause erledigt."

Die Vergleichstechnik

Sie kennen bestimmt den „Vergleich" als rhetorisches Stilmittel. Bei einem Vergleich werden mindestens zwei Dinge gegenübergestellt, die eine Gemeinsamkeit oder einen Unterschied vorweisen. Man erkennt einen Vergleich an den Wörtern „als" oder „wie". Das Besondere an Vergleichen ist, dass Sachverhalte besser verbildlicht und Handlungen spezifischer erklärt werden.

Wegen der Wirkung sind Vergleiche in vielen Lebensbereichen anwendbar, dadurch können Sie Ihre Intention genau zum Ausdruck bringen. Zudem lassen sich extrem viele Objekte, Lebewesen und Verhalten untereinander vergleichen.

Aufgrund der großen Auswahl können Sie entscheiden, wie schlagfertig Ihr Vergleich sein soll. Aber seien Sie achtsam, denn mit boshaften Vergleichen verletzen Sie andere Personen zutiefst.

Beispiele für die Anwendung der Vergleichstechnik finden Sie im Folgenden für diverse Lebensbereiche.

Im Arbeitsleben kann die Strategie so eingesetzt werden:

A: „Warum zum Teufel hast du gekündigt?"
B: „Ich möchte mein Leben genießen und nicht wie ein Hamster im Hamsterrad sterben."

Im Privatleben kann sie beispielsweise so eingesetzt werden:

A: „Warum rennst du schon wieder so schnell?"
B: „Ich möchte nicht so langsam wie eine Schildkröte sein."

Und im Schulleben so:

A: „Du bist so schlecht. Nimm dir mal ein Beispiel an deinem Sitznachbarn."
B: „Danke, aber ich möchte Ihnen nicht zu nahe kommen wie ein Arschkriecher."

Die Zwei-Silben-Technik

Es gibt den Spruch: „In der Kürze liegt die Würze." In dieser Art und Weise funktioniert auch die Zwei-Sil-ben-Technik, da Ihr Kommentar auf den Angriff nicht mehr als zwei Silben einnimmt.

Sie denken sich bestimmt: „Einfacher kann es nicht sein." Leider ist es nicht so. Denn die Strategie funk-tioniert nur, wenn Sie Ihre schauspielerischen Küns-te in Perfektion einsetzen. Dementsprechend ver-leiht erst Ihre Körpersprache und Betonung Ihrer Aussage den gewünschten Ausdruck.

So können die zwei Silben lauten:

- Na und?

- Egal.

- Was soll's!

- Und nun?

- Was jetzt?

- Was nun?

- So so!

- Ach was!

- Oh tatsächlich?

- Ganz lustig!

- Wie bitte?

- Sag bloß.

Jetzt merken Sie bestimmt, dass die Betonung den größten Teil ausmacht, deshalb möchte ich Ihnen noch ein paar Tipps mit auf den Weg geben:

- Zeigen Sie sich von Ihrer selbstbewussten Seite.

- Die Meinung Ihres Gegenübers sollte Ihnen gleichgültig sein.

- Nehmen Sie eine selbstbewusste Haltung ein.

- Nehmen Sie Kritik nicht persönlich.

- Verlassen Sie Ihre Komfortzone.

Situationen, in denen diese Taktik sehr gut zur Geltung kommen kann, sind folgende:

Im Arbeitsleben als Erwiderung auf folgende Unterstellungen:

A: „Seit wann ist Arbeit Urlaub?"
B: „Ganz lustig!"

A: „Sind Sie immer so ein Langweiler?"
B: „Und jetzt?"

Im Privatleben darf man sich mitunter folgende Behauptungen anhören:

A: „Du bist ja fett geworden!"
B: „Was soll's!"

A: „Dein Auto ist auch nicht das schönste."
B: „Na und?"

Im Schulleben lässt sich die Methode aber auch effektiv nutzen:

A: „Deine Konzentration ist heute miserabel."
B: „Ach was!"

A: „Sprich nicht so frech mit mir!"
B: „Und jetzt?"

Die Vertagung-Technik

Stellen Sie sich vor, Sie sind bei einer Konferenz und bekommen unangenehme Fragen gestellt, auf die Sie antworten sollen. In einer solchen Situation hilft Ihnen die Vertagung-Technik, da Ihre Erwiderung hinausgeschoben wird. Dementsprechend haben Sie mehr Bedenkzeit, um sich eine passende Antwort zurechtzulegen.

Demnach bietet sich diese Technik an, wenn Sie bei wichtigen Meetings anwesend sind. Besonders Politiker bedienen sich der Vertagung, um sich genügend Gedanken über einen Vorwurf machen zu können und erst zu einem späteren Zeitpunkt dazu Stellung zu nehmen.
Ein wichtiges Merkmal der Vertagung-Technik ist, dass Sie auf die gestellten Fragen eingehen und die Angelegenheit nicht ignorieren. Bei der Übergehungstechnik, die ich bereits beschrieben habe, ist dies nicht der Fall.

Sie benötigen auch hier etwas Selbstbewusstsein, um klar und deutlich zu sagen, dass Sie erst später auf diese Fragen eingehen werden.

So können Sie die Sätze formulieren:

- Danke für die Frage, ich werde später darauf zurückkommen.

- Danke, ich werde später darauf eingehen.

- Ich habe es verstanden. Später werde ich mich dazu äußern.

- Alles klar, ich werde nach dieser Präsentation meine Meinung äußern.

Beispiele für Fragen, bei denen diese Taktik am meisten Sinn macht, finden Sie hier für verschiedene Bereiche.

Im Arbeitsleben sind das beispielsweise folgende Fragestellungen:

A: „Sie wissen schon, dass das so nicht stimmt?"
B: „Danke für die Äußerung, ich werde später darauf zurückkommen."

A: „Das ist ja skandalös und falsch, was Sie hier sagen."
B: „Danke für Ihre Sicht der Dinge, ich werde später dazu Stellung nehmen."

Im Privatleben kann es eine solche Behauptung sein:

A: „Hiermit liegst du völlig falsch!"
B: „Ich nehme das zur Kenntnis. Lass uns später noch einmal darüber sprechen."

Im Schulleben und auch allgemein bietet sich die Taktik bei Fragen an, für die man etwas Bedenkzeit braucht:

A: „Aha … Und wie stehst du selbst zu diesem Thema?"

B: „Danke für die Frage, ich werde am Ende der Präsentation gern darauf zurückkommen."

Schlusswort

Mit diesem Rhetorikbuch wollte ich Ihnen den Leitfaden zum Thema Schlagfertigkeit geben, den Sie schon immer gesucht haben. Ich hoffe, dies ist mir gelungen. Denken Sie daran, dass diese Lektüre als Nachschlagewerk fungieren soll und nicht als ein Buch, welches Sie einmal lesen und in den Tiefen Ihres Bücherregals verschwinden lassen. Immer wieder wird es Ihnen unterkommen, dass Sie im Alltag, gleichgültig ob im Beruf oder in den eigenen vier Wänden, verbal angegangen werden. Setzen Sie den Notizbuchtipp direkt in die Tat um und schreiben Sie besondere Situationen der verbalen Auseinandersetzung auf. Dieses Buch hilft Ihnen, in zukünftigen, ähnlich konstruierten Situationen die passenden Konter zu finden.

Abschließend möchte ich Ihnen ein paar Kleinigkeiten mitgeben: Auch wenn ich versucht habe, so viele Alltagsbeispiele wie nur möglich in dieses Buch zu integrieren, werden Sie in Situationen kommen, in welchen Sie überrascht und erstaunt über die Frechheit mancher Mitmenschen sein werden. Rhetorik und Kommunikation sind Übungssache. Ich habe Ihnen mit diesen Techniken das richtige Werkzeug nahegelegt. Die praktische Umsetzung müssen Sie allerdings noch erlernen. Körpersprache und Stimmführung sind schwierig über eine Lektüre zu vermitteln, dennoch beachten Sie bitte die Relevanz dieser zwei Aspekte im Kontext der Schlagfertigkeit.

Meine Empfehlung müsste an dieser Stelle lauten: „Gehen Sie raus in die weite Welt und probieren Sie es einfach aus." Jedoch handelt es sich hierbei nicht etwa um das Erlernen des Autofahrens oder des Schwimmens. Schlagfertigkeit soll Sie aus fiesen und unangenehmen Situationen heraus manövrieren. Freiwillig möchten Sie sich dort wohl kaum aufhalten.

Nutzen Sie dazu meine Übungen, die als eine Art Trockenübung fungieren sollen. Sachbezogene Techniken bieten sich auch außerhalb eines verbalen Konters an. Versuchen Sie, diese Techniken in Ihre Argumentationsstruktur erfolgreich einzubauen.

Und denken Sie daran:

„Schlagfertigkeit ist wie Judo. Sie beherrschen die Kunst, aber nutzen diese nur zur Verteidigung."

Ich hoffe, Ihnen hat mein Buch gefallen und Sie bleiben mir treu.

Ihr
Florian Heyer
(Mr.Rhetorik)

Danksagung

In tiefer Verbundenheit möchte ich all den Menschen danken, die dieses Buch überhaupt ermöglicht haben. Den größten Dank möchte ich meinem Vater Silvio und meiner Mutter Peggy aussprechen. Ohne sie wäre ich heute nicht an diesem Punkt. Durch stetige Unterstützung haben sie dem kleinen Jungen Florian die Möglichkeit gegeben, seine Träume und Visionen umzusetzen. Ich kann meinen Dank gar nicht in Worte fassen, so sehr wie ich sie liebe. Ich danke meinem Bruder Felix, der mich immer aufmunterte, wenn es mir schlecht ging. Meine Großeltern Oma Ursula und Opa Jürgen verdienen mindestens ebenso viel Dank. Sie geben mir Liebe und Zuneigung seit Anbeginn meiner Zeit. Ihre Hilfe, Unterstützung und Ratschläge weiß ich sehr zu schätzen. Ich danke zudem meinem Onkel Marko, der immer an mich geglaubt hat, auch wenn ich viele Fehler gemacht habe und machen werde. Er ist für mich wie ein junggebliebener Kumpel.

Ich danke meiner Freundin Marie für die Unterstützung in guten und in schlechten Zeiten. Sie ist mein Licht.

Colin, mein bester Freund, ich danke dir mit einem wunderbaren Zitat von Otto von Bismarck:

„Ein bisschen Freundschaft ist mehr wert als die Bewunderung der ganzen Welt."

Allen Verwandten und Freunden möchte ich aus tiefstem Herzen „Danke" sagen. Ihr alle habt mich zu dem Menschen gemacht, der ich heute bin. Vielen Dank!

Abschließend danke ich bestimmten Lehrern, die nicht an mich geglaubt haben und mir das Leben durch unfaire Bewertungen schwer machten. Ihr habt mich motiviert, euch zu zeigen, dass ich mehr drauf habe. Vielen Dank dafür!

„Keine Schuld ist dringender als die,
Danke zu sagen."

- Marcus Tullius Cicero

Über den Autor

Mein Name ist Florian Heyer, Trainer für Rhetorik und Markenkommunikation. Sie kennen mich wahrscheinlich unter dem Namen „Mr.Rhetorik", der mein gleichnamiges Instagram-Profil darstellt. Monatlich erreiche ich über 1,5 Millionen Menschen und zähle mit über 90.000 Abonnenten zu Deutschlands größtem Rhetorik-Instagram-Profil. Schon als kleines Kind habe ich die Faszination der zwischenmenschlichen Kommunikation als höchst spannend empfunden. Ich begann, mich immer intensiver mit dem Thema auseinanderzusetzen, bis ich 2016 auf die Verkaufsrhetorik stoß. Ich war davon begeistert, welche Möglichkeiten die Verkaufspsychologie umfasst, um einen Menschen vom Kauf eines Produktes zu überzeugen. Ich hatte begriffen, dass die Fähigkeit, einen Menschen zu überzeugen, gleichgültig ob bei einer Debatte oder in einem Verkaufsgespräch, eine der wichtigsten Fähigkeiten zwischenmenschlicher Beziehungen darstellt. So nahm ich an diversen Seminaren und Coachings teil, um meinen Wissensschatz zu erweitern. Dabei lag mir das Fach Deutsch nie so wirklich. In Diktaten bekam ich öfter eine 4 und auch mein Ausdruck ließ zu wünschen übrig. Durch den Beginn meines Studiums der Rechtswissenschaften und Betriebswirtschaftslehre bekam ich einen immer größeren Einblick in die Welt der Rhetorik und des Verkaufs. Seit 2018 referiere ich als Kommunikationstrainer in meinen Seminaren und gebe private Coachings für Rhetorik im kleineren Rahmen. Mittlerweile kann ich über 6.000 Seminarteilnehmern zählen, welche durch mich und meine Trainings zu mehr Erfolg in der Kommunikation kommen konnten. Immer wieder wird mir die Frage gestellt, woher ich mein ganzes Wissen habe. Ob ich ein Studium oder eine Ausbildung in dieser Richtung abgeschlossen habe oder doch nur ein Hochstapler bin. Durch eine Vielzahl von Büchern, Videokursen, Seminaren und persönlichen Praxiserfahrungen konnte ich mir einen ungeheuren Wissensschatz aufbauen. Der Hauptteil meiner Arbeit liegt jedoch nicht nur in der zwischenmenschlichen Kommunikation, sondern auch im Transfer des Wissens in die Marketingwelt. Die Frage, wie eine Marke erfolgreich nach außen kommuniziert, beschäftigt mich tagtäglich. Hinter einem erfolgreichen Verkauf steht vielmehr als eine einfache Werbung. Es ist das gesamte Auftreten, die verbale und visuelle Kommunikation und, und, und. Die Liste scheint endlos lang. Eine Marke ist wie ein Mensch. Alles muss optimal aufeinander abgestimmt sein, nur so schaffen Sie das perfekte Außenbild Ihrer Marke oder Ihres rhetorischen Auftritts. Seit 2019 bin ich selbstständig und lange Zeit zuvor habe ich auf diesen Moment hingearbeitet. Bereits mit 14 Jahren unternahm ich mit meinem ersten YouTube-Kanal Ausflüge in die Welt der Selbstständigen. Auch in der Zeit danach investierte ich in eigene Projekte, anstatt wie meine Klassenkameraden mehrere Stunden für die Schule zu lernen. Im Jahr 2019 gründete ich meine erste Marketingagentur und 2020 wurde diese umfirmiert mit dem Schwerpunkt Beratung im Bereich Rhetorik und Marketing. Dieses Buch ist ein absolutes Herzensprojekt, welches ich mir bereits seit meiner Kindheit gewünscht habe. Mein Ziel ist es, Menschen für das Thema Kommunikation und Rhetorik zu begeistern und jedem eine Botschaft mitzugeben.

„Du musst an dich glauben, denn nur wenn du an dich glaubst, werden andere dich und deine Kommunikation wahrnehmen."

Ihr
Florian Heyer
(Mr.Rhetorik)

Schritt für Schritt zu mehr Eloquenz!
Das 100-Fremdwörter Ebook

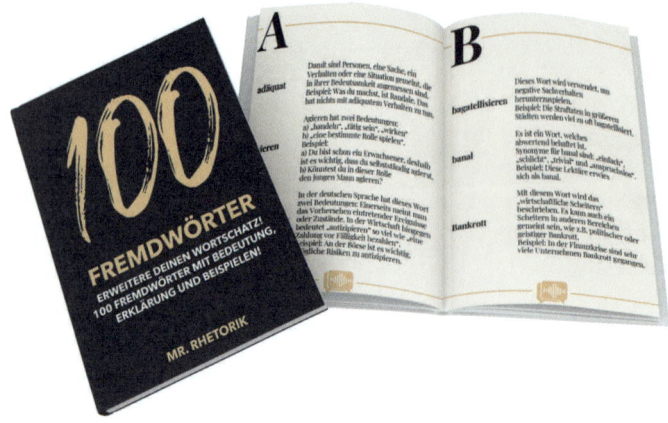

Ihr Guide für eine eloquentere Wortwahl! Laden Sie jetzt mein kostenloses Ebook herunter und erhalten Sie eine tolle Liste an Fremdwörtern!

✓ 100 Fremdwörter

✓ Bedeutung, Erklärung & Beispiele

✓ Alltagstauglich

✓ 100% Kostenlos

Kostenlos herunterladen: florian-heyer.de/ebook

Persönliche Beratung & Coaching
Mein 1:1 Coaching Angebot

Sie benötigen eine 1:1 Beratung für Ihren rhetorischen Erfolg? In meinem individuellen Coaching arbeiten Sie zusammen mit mir an Ihren persönlichen Herausforderungen.

Anfragen können Sie jederzeit an folgende E-Mail stellen:

info@florian-heyer.de